U0114398

博客思出版社
生活旅遊・32

熟女壯遊３：
加入國際組織文化交流和省錢妙招——

疫後勇闖世界58天，
探索美麗與烽火

｜胡語芳——著｜

夢想有多遠，就能走多遠

熟女壯遊３：加入國際組織文化交流和省錢妙招─

疫後勇闖世界58天，
探索美麗與烽火

Contents

推薦序─退休新視野：
探索自我、世界與人生

　　我因為節目推廣書本閱讀以及退休規劃，認識本書作者胡語芳，當年他以素人之姿，自助旅行勇闖天涯，帶給閱聽大眾很大的迴響。

　　我們的人生如果切分三階段，第一人生以求學為主，第二人生以職場為發展主軸，當然也有很多人在此階段還要加入家庭生兒育女，到了第三人生就是退休離開職場之後的人生規劃，而真正為自己精彩人生負責通常聚焦第三階段。

　　以成人教育學家提出的第三人生 THIRD ACT 概念，第一人生是學習成長期，第二人生是成家立業期，第三人生是再次成長及學習時期。

　　在我觀察下，很多壯世代在 50、60 歲退休，才驚然發現自己對於退休生活充滿不安與恐懼，過去期待「有錢有閒」才要去實現的夢想已淡忘也發現自己什麼興趣也沒有。

　　胡語芳決定在退休時候也是不知所措，但是她廣泛接觸活動，例如參加排舞、讀書會、當中研院生態志工、美術館擔任志工，最終發現自己還是最喜歡自助旅行。她進入第 5 年、60 歲生日時，送給自己一份禮物就是一趟大旅行，跨越北歐、東歐、

西歐、中美洲、亞洲的自助旅行，回國後寫作熟女壯遊一書，開創了退休後的旅行人生。

　　獨自旅行讓她走向世界，也找到自己第三人生的學習與探索之路，祝福她持續的旅行與寫作，因為做自己開心的事絕對是世界上最幸福的事。更祝福讀者可以透過語芳的旅行經歷，帶領大家跨出年齡、性別或是英文能力，因為壯世代最需要的是為自己精彩人生負責的行動力。

財經節目主持人、作家　夏韻芬

推薦序—懷抱勇氣與行動力，生命總是會帶給你驚喜

　　這不只是一本談旅遊的書，雖然書中有許多可以供我們參考以及值得按圖索驥的旅遊資訊，因為這本書多了很多溫暖的人情味，而語芳的行動力，也能夠鼓舞許多進入熟齡期的朋友鼓起勇氣，踏上屬於自己的壯遊之旅。

　　因此，這本書比較像是勵志書，就像常有人問語芳：「一個人旅行會寂寞嗎？會不會累？」誠如語芳在書中所呈現的，只要懷抱著好奇心，處處都令人驚奇，事事就很有趣，怎麼會寂寞、會累？

　　當然，與親朋好友一起旅行很開心，但是偶爾找機會一個人旅行也很重要，因為可以有充分的時間跟自己對話，享有心靈獨處及面對自我的時刻。同時，也才能跟當地人對話，因為只有你一個人，所以勢必要跟人溝通。這種向內又向外的對話，在這個時代是愈來愈難得而珍貴的。

　　旅行已經不只是從一個地方到另一個地方的活動，也不再是打發時間的休閒娛樂，旅行對許多人來說是一種心靈療癒，是開展新人生的生命之旅。

　　語芳在旅途中認識了許多好朋友，作家余秋雨曾說：「平時

想起一座城市，先會想起一些風景，到最後，必然只想起這座城市裡的朋友。是朋友，決定了我們與各個城市的親疏。」語芳這一系列的書也讓我們看到，旅行真正令人懷念的，是旅途中遇到的人事物、那些人與人互動的溫暖。

我相信很多人會羨慕語芳去了許多會出現在國際新聞裡的國家，那些似乎充滿危險，甚至還有戰亂在進行的地區，那種冒險精神或許是我們做不到的，但是，誠如作家戴安艾克曼說的：「冒險不是你要去尋覓才找得到的，而是你隨身攜帶的一種心情，讓你興奮的事物可能就在一簇樹葉，甚至在附近的餐廳，在骯髒的水池或是蝦子的觸鬚上出現。」

的確如大家朗朗上口的普魯斯特的名言，真正的發現之旅，不是尋找新世界，而是用新視野看世界。大多時候，我們都是視而不見，聽而不聞，但是我們只要轉換心情，改變觀點，時時都能發現新事物。

語芳在六十歲之後展開她的壯遊，她為我們書寫了這幾本書，我總覺得，在這個時代真正的壯遊與冒險已逐漸變成了個人內心的事，比如當我們正在閱讀此書時，我們身邊人群雖然只離我們幾呎遠，但是他們卻永遠感受不到我們其實正在冒險中。

如果我們被語芳激勵了，起身立刻展開自己的壯遊，那當然很好，但假如目前還有種種牽絆無法說走就走，那也無妨，因為我們已經學會了用旅人的眼光，過每天的日常生活。

作家／醫師／節目主持人／荒野保護協會共同創辦人　李偉文

推薦序—戰火下的壯遊

　　以巴戰爭剛發生時，我在臉書看到語芳正好在以色列旅遊，他才到耶路撒冷的第三天，可以想像他當時的心情，一定急著想回台灣。兩天之後，以色列發動報復攻擊，戰爭更激烈，台拉維夫機場幾乎所有的班機都停飛，要離開以色列難上加難。語芳這本熟女壯遊跟一般旅遊書不一樣，尤其第三篇以巴約驚爆 16 天日記，更是難得的戰地歷險記。這本書不但紀錄以巴戰爭之下，以色列民眾的生活，是如此的淡定，沒有絲毫的驚恐。除了博物館等公共場所不對外營業以外，大多數民眾都盡量減少外出購物，捷運公車照常行駛，乘客零零落落。這本書更特別的是，以巴戰爭的訊息只能透過 CNN 的視角，但我剛好看到語芳的臉書，便聯絡我們新聞部，安排語芳跟我們 TVBS 記者即時視訊，還有語芳現場用手機拍攝戰爭下耶路撒冷的情況，第一時間，忠實紀錄以色列民眾的反應，前後一共連線四次，儼然是我們 TVBS 戰地記者，也讓台灣觀眾從不同的視角同步看到戰爭的真實面。

　　我自己在 10 年前跟著我們教會去過以色列聖經之旅，很能體會語芳的經驗，他對於耶路撒冷各個景點的描述歷史演變詳述真實，也都會引經據典，讀起來歷歷在目，很有真實感。

還有如何去，搭什麼交通工具，費用多少；在哪裡吃，可以吃什麼，會不會太貴，這些都是旅行非常有用的參考資訊，也都不會爆雷。此外，語芳參加 Servas 組織，在以色列幾乎都有接待家庭，而且規定每個接待家庭只能住三天，居住在不同的接待家庭更能體會當地的文化及居家生活。

從以色列轉搭陸路，並在我國駐台拉維夫代表處的協助下，出海關到約旦首都安曼，好像逃難一樣，有如電影情節。我自已自助旅遊超過三十年，旅途中難免突發狀況，語芳這次遇到的問題可多了，這本書也告訴你旅行中如何面對問題，不慌不忙的解決問題，對於喜歡自助旅遊的人，很值得參考，我也樂於大力推薦。

TVBS 民調中心總監 王業鼎

自　序

　　2016 年，我感到走過了人生的 60 歲，卻仍有著種種的缺憾。於是，我計畫了一場壯遊，走訪了 18 個國家，作為對自己的一個慶祝。在回到台灣後，我深深體會到自己實現了這個旅行夢想後，其實還有能力實現更大的目標，這也啟發了我對寫作的興趣。於是，在 2017 年，我出版了人生中的第一本書《熟女壯遊：勇闖世界 18 國》，開啟了我寫作的新篇章。隨後，在 2018 年，我又出版了一本父親的傳記《民之所欲，善留人間：湖南耒陽胡善民九十回顧》，這是我送給父親 90 歲生日的禮物。如今，胡老爹已經慶祝了 95 歲的生日，他依然健康樂觀地生活著。

　　到了 2020 年農曆春節初四，我參加了台灣路竹會醫療團前往非洲索馬利蘭進行義診。義診結束後，我獨自前往了衣索比亞、希臘和保加利亞旅行，但當時剛爆發的新冠病毒疫情卻改變了一切。歐洲和非洲陸續爆發疫情，國家政策也禁止了國際旅行。在這段時間裡，我專心投入到寫作中，並於 2020 年 12 月出版了《熟女壯遊 2：樂遊國際，開創第三人生》。這本書的問市更加確定了我要走的新方向。

　　在疫情期間，書店紛紛關閉，但網路卻得到了更大的發展。

雖然有電子書的出版，但根據調查，很少有人購買和閱讀。出版業市場不景氣，甚至有人勸我別再出書了。但是，我為什麼仍然堅持寫作，出版《熟女壯遊》的續集呢？

起初，是為了分享自助旅行的經驗，包括旅遊景點、交通、住宿以及人文等方面的知識。接著，我希望傳播我的理念，推廣勇氣和行動力。有些人可能缺乏勇氣，只是幻想著，而我最大的優點就是有勇氣和行動力。此外，我也喜歡溫暖的書籍，雖然網路上可以輕易找到旅遊資訊，但卻缺乏人情味和溫暖。最後，寫作對我來說是一種興趣，退休後我一直在煩惱找不到適合自己的嗜好和興趣，直到我踏上壯遊之旅，終於找到了寫作這個興趣，我不會放棄。

有人問我：「寫書出書需要多久？」、「你出了三本書，賺了多少錢？」對此，我回答說：「出版一本書就像懷孕生孩子一樣，大部分情況下需要九個月，有時候會提前。至於賺錢方面，出版書籍並不一定能帶來財富，有些人最後甚至虧損了。我最大的收穫是讀者的支持和他們閱讀後的回饋，同時也實現了我的人生目標。」

我曾接受過醫師作家李偉文在環宇電台的採訪。得知他從三十多歲開始出書至今已經有 42 本，我深感佩服，帶給我很大的鼓勵，他是我學習的榜樣。

在過去的 10 年裡，我環遊了世界，遇到了各種挑戰和困難，但 2023 年在以色列遭遇的巴勒斯坦火箭襲擊卻是我第一次親身經歷戰爭。父親善民曾告訴我：「以後不要再趴趴走了，

很擔心你的安危。」我回答說：「您常說女兒退休太早，生活會過得很無聊。您自己退休後擔任湖南新竹同鄉會總幹事和理事長，直到 84 歲。我 55 歲開始了國外旅行，61 歲開始寫作出書。這兩件事是我退休後的生活目標，我依然會持續旅行和寫作。至於以色列和巴勒斯坦戰事是突發事件，我以後會更加注意旅行安全。」

經常有媒體和粉絲朋友問我：「一個人獨自旅行會感到寂寞嗎？」我堅定地回答：「不會，每天都會有新奇有趣的事物出現，讓我無暇感到寂寞。我的眼睛在旅行中閃耀著光芒，讓我充滿活力，去探索和追尋！」同時，他們也問我：「為什麼經常環遊世界，卻不感到累？」我回答說：「從期待旅行、想像旅途、出發到實際體驗，這一切豐富了我的身心靈，讓我回來後感到充滿動力。旅行讓我感到滿足和幸福，同時也讓我有機會反思和創造出不一樣的人生。」

我相信，夢想有多遠，就能走多遠。女性應該擁有自己的理想和目標，這樣才能在家庭和社會中立足。退休後，我們才能將小愛化為大愛，享受樂活的第三人生。

▲ 夏威夷阿拉莫阿納公園

緣起—期許揮灑生命的光彩

　　疫情雖然阻止了我出國旅行，但並沒有阻礙我學習和進步的步伐。2021 年，我前往台東進行為期兩個月的 Long Stay，學習旅遊導覽，並成功考取了國外英語領隊和國內華語導遊資格。我希望在未來有機會帶領志同道合的朋友一起旅行，因此成立了「夢想行動派社團」。在疫情期間，我先帶領社員在台灣國內進行小規模的旅行。隨著疫情解封，我在 2022 年 12 月至韓國實習領隊實務及技巧，並學到了許多知識，期待著有機會帶團旅行。

　　到了 2023 年，國際旅行逐漸解禁。我首先前往夏威夷展開探險之旅，遊覽了歐胡島和大島。幸運的是，在旅途中得到了貴人的幫助，度過了一段愉快而安全的旅程。原本計畫前往茂宜島一日遊，但由於安排不順且取消了這個行程。回到台灣後，茂宜島卻發生了大火，造成了巨大的傷亡，我不禁感慨自己的幸運。

　　我仍然堅持著我的環遊世界 100 國的夢想。2023 年的旅行計畫包括了 9 月至 10 月的東南歐和中東 6 國之行。我加入了兩個非營利國際組織—Friendship Force International (FFI) 和 Servas International (SI)，將參與文化交流活動。這些組織的

目標是希望通過民間交流來促進世界和平。我和先生一起參加了 FFI 的斯洛維尼亞和克羅埃西亞之行，與美國、加拿大和澳大利亞的會員們共遊，進行文化交流。隨後，夫妻倆離隊前往奧地利維也納，入住 Servas 會員家庭，展開了國民外交之旅。

在旅行途中，徐先生於 10 月 5 日提前返台，而我則獨自前往以色列。然而，在耶路撒冷的第 3 天凌晨，巴勒斯坦加薩走廊的哈瑪斯武裝部隊發動了火箭襲擊，引發了以色列與巴勒斯坦的戰爭。原定計畫的返台航班也因此停飛，我經歷了戰地歷險 16 天，最終於 10 月 21 日平安返國。

我要感謝外交人員和 Servas Host 的幫助，也要向所有關心和祝福我的親友和粉絲朋友表示感謝。是你們的關心和祝福成為了我的動力。同時，也感謝你們鼓勵我出書，分享這段難忘的歷險。在這本書中，我將分享我在疫情後美麗的大洋洲和歐洲的探險，以及在烽火戰地親身經歷的故事。我堅持冷靜地處理著機票、住宿和行程，最終完成了這次壯遊的人文交流和 10 國 58 天的旅程。

在這本書中，我將壯遊分為五個主題：大洋洲疫後的初探險、東南歐及中歐美麗的邂逅、中東烽火戰地歷險記、亞洲懷舊之旅，以及公益行旅。我相信，無論您的年齡、性別、角色或英文能力，其實勇氣、行動力和解決問題的能力才是旅行者最需要的。我衷心祝福所有有緣讀者們，以我的經歷為借鑒，勇敢地踏上自己的壯遊之旅，期許你們揮灑出生命的另一種價值！

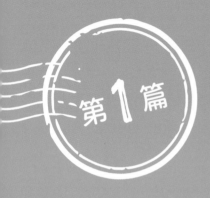

第1篇

疫後的初探險，
大自然的魔法舞台—夏威夷

疫後的初探險，
大自然的魔法舞台—夏威夷

　　在我即將展開疫後初次的探險旅行之際，原本計畫參加母校國防醫學院校友會於 2023 年 11 月在夏威夷舉辦的慶祝校慶世界大會。我規劃在跟團旅行 7 天後脫隊，與當地的 Servas 會員見面 3 天，已經和一位當地的 Host 家庭取得聯繫。然而，由於該團校友報名不踴躍，活動被迫取消，這讓我感到不捨，也讓我徵求了 Host 的同意，提前至夏威夷展開我的探險之旅。

　　我曾 4 次造訪美國，首次是在 1992 年，前往美東華盛頓 D.C. 探親，與當時進修 1 年的先生相會。我透過美國在台協會（AIT）辦理實體簽證，在美東逗留了 3 週，暢遊紐約、華盛頓 D.C.、紐澤西和馬里蘭。此外，我還跟隨基督教會安排的外國學生團前往佛羅里達。那是我第一次入住外國家庭，但當時我的英語詞彙有限，無法與 Host 深入交流。

　　第二次是在 1990 年冬天，我帶著 9 歲的女兒和 15 歲的乾妹的女兒參加了一個美西團，簽證是由旅行團辦理的。另外

兩次是在 2013 年秋天，我去探訪在加拿大溫哥華定居的乾妹妹，期間還參加了當地的半自助旅遊團至美國西雅圖。

　　然而，自 2001 年 911 恐怖攻擊以來，聽到親友描述去美國的麻煩經歷後，我對再次進入美國感到有些忐忑不安。在前往夏威夷之前，我必須先在網上申請 ESTA，但在 3 年未出國後，我對於入境所需的時間和程序感到有些擔心。在桃園機場搭乘長榮航空轉機至夏威夷的途中，對於美國的入境程序，我心中充滿了疑問。所幸安全順利通關，入境夏威夷。

一、了解當地文化和節省旅費，我入住了美國夏威夷　住宿家庭

1. 入住 Servas USA 住宿家庭

　　在這次夏威夷之行中，我有幸入住了 Servas USA 的一個家庭，這給了我一個全新的旅行體驗。80 歲的 Karen 女士是我的接待者，她熱情地來機場接我，讓我對這次的旅程充滿期待。Karen 女士曾接待過近百位外國會員，她的愛心和樂於助人讓我感受到了家的溫暖。她的家座落在一個美麗的地方，可以遠眺鑽石頭山，觀賞夏威夷獨特的自然風光。

　　除了接待我外，Karen 女士還幫助我安排了一些遊覽行程，包括叮噹車遊市區和珍珠港半日遊。她的男性朋友還為我準備了美味的晚餐米飯起司捲和鮭魚藜麥飯，這些簡單而美味的菜餚讓我感受到了夏威夷的飲食文化。我也以家鄉味炒米粉及冬粉湯回敬。

▲ 與 SERVAS HOST 共進晚餐

　　入住 Servas USA 的家庭不僅讓我感受到了夏威夷的當地生活，還幫助我省下了不少費用。相較比起住在酒店，我在 Karen 女士的家中得到了更多的關懷和照顧，同時還可以與當地人建立更深的交流和了解。這種深度的旅行體驗讓我對夏威夷有了更深入的認識，同時也讓我感受到了 Servas 這個組織帶來的美好。

　　Servas International 於 1949 年在丹麥，由來自美國的 Bob Luitweiler 先生發起，簡稱「國際交換住宿組織」，屬非營利性的組織（NGO）；是深度自助旅行者的交流平台，由接待者（Host & Day Host）和旅行者（Traveler）組成，接待者帶領旅行者認識在地城市文化、入住家中，以讓不同文化和背景的人士之間有個人接觸的機會，建造一個互相瞭解，彼此尊重的世界，實現世界和平的目標。目前有 100 多國參加這個組織，1978 年在台北成立 Servas Taiwan。

2. 入住大學學姊家

　　我原本計畫在 Karen 家中短暫停留後，準備前往青年旅館繼續我的旅程時，旅居夏威夷居住的大學學姊盧靜安熱情地邀請我到她家中住宿。她親自來 Karen 家接我，這份溫暖的好意讓我無法拒絕，於是我決定接受她的邀請。

　　盧學姊畢業後在海軍醫院服務了 4 年，隨後隨夫婿前往宏都拉斯，最後來到夏威夷居住。學姊的丈夫曾擔任外交官，因此她經常扮演外交官夫人的角色，為了丈夫的事業增進人脈，也總是體恤來自不同國家的朋友。她常常在家中招待國內外的貴賓，以她精湛的廚藝讓賓主盡歡。她熱情好客的態度使她成為許多人的好友，甚至包括前總統馬英九。在學姊的家中，我品嚐了許多美味佳餚，感受到了真正的夏威夷待客之道。

　　在盧學姊的帶領下，我有參觀夏威夷大學、觀賞藝術博物館和水族館，並在威基基海灘散步享受陽光。我們一起去大賣場採購、在購

▲ 與盧學姊共遊

物中心觀賞草裙舞、品嚐當地美食撈撈 (Lau Lau) 和芋泥 (Poi)，還去銀行換錢和郵局領包裹，體驗到了真實的夏威夷生活。我們也參觀了中國城的中華文化館和中興會，不過很遺憾地，由於疫情的影響，這些地方的經營情況慘淡，令人十分惋惜。

3. 師生 67 年後重逢

　　在盧學姊的陪同下，我造訪了一家養老院，探望了當年擔任護理系主任的大學前輩。儘管我當時並不活躍於校園生活，這位主任卻能清晰地述說當年的學校情況。她在 96 歲的高齡仍顯得面色紅潤、健康強壯，只是駝背拄著拐杖。

　　在和主任的交談中，我得以回顧當年的校園生活，並完成了校友會探望師長的任務。

二、海浪與熱情的天堂—夏威夷

珍珠港事件又名偷襲珍珠港（Attack on Pearl Harbor）：
日本於美國時間 1941 年 12 月 7 日對位於夏威夷的珍珠港海軍基地的一次偷襲作戰。日本海軍共派出了 6 艘航空母艦、300 多架戰機，分兩波進行奇襲。擊沉及重創了美軍 14 艘戰艦，摧毀了 188 架戰機，共造成 2,402 人死亡，1,282 人受傷。12 月 7 日是美國「活在恥辱的一天」，該日成為美國紀念日，珍珠港事件標誌著太平洋戰爭的爆發，同時也是第二次世界大戰的重要轉捩點。

▲ 珍珠港

▲ 珍珠港博物館

1. 見證歷史的珍珠港（Pearl Harbor）

　　參觀珍珠港博物館及亞利桑那號戰艦紀念館（The USS Arizona Memorial），在博物館觀賞日軍轟炸美國海軍及空軍的慘烈的戰爭歷史照片和影片，再乘船至亞利桑那號戰艦紀念館，看到牆上刻著陣亡將士名字，參觀者前往哀弔致敬，我心中充滿哀傷。該館是在珍珠港襲擊中被擊沉的亞利桑那號戰艦殘骸正上方，由美國政府和美國海軍管轄及維持。亞利桑那號當時有 1,177 名將士陣亡。

◄▲ 亞利桑那號戰艦紀念館

　　這個紀念館不僅是一個歷史見證，更是一個提醒人們戰爭恐怖的地方。透過亞利桑那號戰艦紀念館，我們可以更深刻地體會戰爭給人類社會帶來的傷痛和痛苦，同時也讓我們更加珍惜和平與和諧的生活。這次夏威夷之旅讓我不僅僅是遊覽風光，更是對世界歷史和文化的一次深刻體驗和反思。

2. 豔陽熱情的威基基海灘 （Waikiki Beach）

　　威基基海灘東起鑽石頭山下的卡皮歐拉尼公園，西至阿拉威運河（Ala Wai Canal）河口，長達 1.6 公里。威基基位於檀香山市，夏威夷語意思為「噴涌的淡水」。以其宜人的天氣和

▲ 威基基海灘

景色優美，每日遊客約 2.5 萬人。因此現今該地區高級酒店和各種商鋪林立。每年威基基會舉行衝浪比賽，並不定期舉辦各種戶外演出，和夏威夷草裙舞表演。白天萬里晴空，海天一色，很多遊客在游泳、衝浪及新人拍照，很遺憾我不會游泳只能玩水、看海、聽海浪聲、看夕陽西下、聽音樂及觀賞跳舞。

　　這片海灘被譽為夏威夷最具代表性的地標之一，其金色的沙灘和湛藍的海水吸引著來自世界各地的遊客。威基基海灘不僅是一個休閒放鬆的場所，更是夏威夷文化和娛樂活動的中心，讓遊客充分感受到夏威夷的熱情和活力。

3. 家鄉人的阿拉莫阿納公園（Ala Moana Park）

　　學姊與我至當地人的公園，看到很多居民來此拍婚紗、野餐、燒烤、聚會、划船及乘風帆船，這不是觀光客會來的地方。我有機會隨著當地人的腳步，在此散步看夕陽。阿拉莫阿納海灘公園是免費公園，長而寬闊的金色沙灘。它受到近海淺礁的保護，是夏威夷最受歡迎的開放式海洋游泳地點之一。

　　這個公園不僅僅是一個休閒娛樂的場所，更是夏威夷當地人生活的一部分。在這裡，你可以感受到夏威夷人對大自然的熱愛和對生活的樂觀態度，同時也可以與當地人互動，了解他們的文化和生活方式。

4. 大島一日遊（Big Island）

　　我報名當地團飛去大島（或稱夏威夷島或火山島），它是面積最大島，最高點為冒納凱阿火山（Mauna kea）海拔 4,205 公尺。首先，我進夏威夷火山國家公園，看到先前才噴發的岩漿的基拉韋厄火山（Kilauea Volcano），還在冒煙，接著前往翠綠色熱帶雨林，進了 Lava Tube 岩洞隧道，再至因火山爆發而形成的黑沙灘。參觀衝浪之父杜克・卡拉那莫庫（Duke Paoa Kahanamoku）雕像，他是 1912 年奧運會的男子 100 公尺自由式金牌，是衝浪運動的提倡者。最後是去觀看彩虹瀑布。這次的行程讓我身臨其境，感受到大自然的偉大和震撼。

　　值得一提的是至夏威夷豆農場初見「夏威夷豆樹」，數萬棵樹很壯觀，並試吃我最喜歡的夏威夷豆，當然也採購新鮮的

產品作為回國的禮品。大島一日遊讓我深深體會到夏威夷獨特的自然景觀和豐富多樣的生態，是一次難忘的旅程。

◀ 大島火山

▼ 大島海邊

◄ 杜克・卡哈娜莫庫雕像

▼ 彩虹瀑布

▼ 夏威夷豆樹

5. 話說夏威夷

夏威夷（Hawaii），這片被大海環繞的美麗群島，擁有著豐富的歷史和文化底蘊。1776 年，歐洲航海家庫克首次發現了夏威夷群島，而夏威夷這個名稱則源自於原始玻里尼西亞語的故鄉。1795 年，夏威夷酋長卡美哈梅哈統一了整個群島，但在歷史上先後被英國和法國佔領。直到 1959 年 8 月 21 日，夏威夷正式成為美國第 50 個州。夏威夷由 19 個主要的島嶼和珊瑚礁組成，其中有 5 個島嶼是主要有人居住的，包括了歐胡島（Oahu）、大島（Big Island，又稱夏威夷島）、柯納（Kona）、可愛島（Kauai）和茂伊島（Maui）。它位於太平洋中部，距離美國本土約 3,700 公里，人口約 144 萬，首府及最大都市為歐胡島的檀香山（Honolulu），約有 35 萬人口。夏威夷的經濟主要以觀光業為主，出口包括了檀香、各類魚類、甘蔗、鳳梨和咖啡等。

● 傳統美食

「撈撈」菜（Lau Lau）：這是一道將切碎的肉包在芋葉(Taro)中蒸煮的菜餚，傳統上使用烤爐來製作。而芋泥（Poi）則是壓碎的芋泥，屬於澱粉類食物，可以搭配其他食物一起享用。

▲ 撈撈

▲ 撈撈及芋泥套餐

● 物價

夏威夷的物價高到令人驚訝，例如從機場到學姊家的計程車 16 分鐘的車程就要價 50 美金（USD），而大島餐廳的海鮮雞肉炒飯價格高達 18 美金（含稅及小費），美食街上的 Lau Lau 套餐則是 20 美金（美食街不需小費），彩色冰淇淋售價 7.84 美金，而麥當勞或肯德基的餐點價格在 18 至 21 美金不等（可用 1:31 換算台幣）。此外，稅率為 4.712%，餐廳的小費則一般為總消費金額的 20%。

我的旅行目的和以往有所不同，現在更注重於慢遊和漫遊，放鬆心情來旅行並享受生活。我喜歡與當地人接觸互動，真正融入當地生活，不再只是一個觀光客。這次夏威夷之旅，雖然是臨時起意出發，但夏威夷的陽光、海灘、綠樹、呼拉草裙舞、火山、夏威夷豆樹，以及高物價消費，我都留下了深刻的印象。

▲ 呼拉草裙舞

我在這次旅程中得到了 Karen 和盧學姊的幫助，這大大節省了我的飲食、住宿和交通費用。我們也特地尋找當地人推薦的便宜賣場，使採購更為划算。這趟文化交流之旅真正地豐富了我的夏威夷初探險之旅，我感恩有你們的相伴。

6. 行旅情報

ESTA （Electronic System for Travel Authorization） 是由美國國土安全部建立實施的旅遊許可電子系統。該系統允許來自 41 個免簽證計畫參與國的公民通過網絡申請方式獲得入境許可，其中包括台灣公民。

- 航班路線：長榮航空 + 夏威夷航空：台灣桃園→日本成田→夏威夷檀香山
- 簽證：辦理 ESTA，入境停留 90 天，有效期限 2 年
- 時差：夏威夷比台灣慢 18 小時（-18）
- 匯率：美元：新台幣 =1：31* 以當時匯率換算 *
- 住宿：Host Family
- 珍珠港博物館網址：pearlharbor.org

MEMO

第**2**篇

蕩漾著歷史遺跡和文化交織
的寶庫—東南歐、中歐

蕩漾著歷史遺跡和
文化交織的寶庫—東南歐、中歐

一、斯洛維尼亞：與 FFI 會員共遊的美麗邂逅

1. 熱情的迎接，與 FFI 會員相遇

我們搭乘阿聯酋航空從桃園機場飛往杜拜，飛行 8 小時後再轉機抵達斯洛維尼亞，整段飛行時間漫長而耗時。通關順利，但出機場後發現沒有大眾交通工具，經過討價還價後找到一輛計程車，以 65 歐元價格載送我們到 Radisson Blu Plaza Hotel。抵達飯店後，我們看到一樓的大廳已經聚集了許多 FFI 團體的會員，來自美國、加拿大、澳洲等國家，從斯洛維尼亞首都盧布里亞納到克羅埃西亞的杜布洛夫尼克的旅行，我們將與會員們一同探索這片美麗的土地，體驗異國風情，並在友誼的擁抱中度過難忘的時光。

FFI 原文 Friendship Force International（FFI）是由韋恩史密斯（Wayne Smith）創立，於 1977 年 3 月 1 日獲得吉

米卡特（Jimmy Carter）總統提出成立。作為一個非營利組織，FFI 致力於通過寄宿家庭和有意義的旅行來促進跨文化關係、外交和友誼。參與者能更好地理解各國不同的民族、背景和文化，並加強人與人之間的聯繫。FFI 在全球 60 多個國家設有分會，台灣有 4 個友誼團，其中我加入的新竹國際友誼團（FFIHC）成立於 2013 年，世界總會主辦了這次東南歐之旅。

▲ 澳洲夫婦　　▶ 美國朋友

▲ 歡迎晚宴

　　在 Radisson Blu Plaza Hotel 的大廳，我們見到了許多來自世界各地的 FFI 會員，大家臉上都洋溢著期待與友誼的笑容，在歡迎晚宴上，認識 FFI 會員，在盧市盛名的餐廳 Gostilna Sokol 享用美食，並且各國會員相互介紹及瞭解，品嚐特色美食鹿肉燉牛肉麵包盅（Venison Goulash in Bread）、紅豆蘋果餅及沙拉大餐。

▲ 沙拉

▲ 紅豆餅

▲ 鹿肉牛肉盅

▲ 蘋果派

　　一位來自美國

女會員 Babara，住在德州達拉斯，曾因商務來台北，參觀過
101、國父紀念館，另一位 Marie，住在佛羅里達，參加過台北
國際友誼團活動，入住家庭，曾去過九分、故宮等。我們則告知
曾去過佛羅里達，有表哥旅居達拉斯，也許將來會去拜訪；來自
德州奧斯丁的活潑女會員 Lauren，高齡 75 歲，行動敏捷，曾來
過台灣，接受高雄國際友誼團接待，入住家庭，去過佛光山、美
濃、春秋閣及愛河，經常參加 FFI 活動，和各國會員交朋友。

2. 斯洛維尼亞 (Slovenia) 四天三夜之旅

　　斯洛維尼亞位於巴爾幹半島北部，擁有美麗的自然風光和
悠久的歷史。它的土地面積為 20,273 平方公里，人口約 211
萬。在冷戰時期，斯洛維尼亞曾是南斯拉夫共和國的一部分，
但在南斯拉夫政權瓦解後，於 1991 年宣布獨立。2004 年，斯
洛維尼亞加入了歐盟，並於 2007 年成為歐元區和申根公約會
員國。斯洛維尼亞的經濟主要以服務業和觀光業為主，是一個
小而美的國家，以其眾多的城堡和鐘乳石洞穴而聞名於世。首
都盧布里亞納是斯洛維尼亞的政治、文化和經濟中心，也是人
口最多的城市，擁有 29 萬居民，是一座繁榮富裕的城市。

　　斯洛維尼亞以其迷人的自然美景聞名，包括壯麗的阿爾卑
斯山脈、翠綠的山谷和湖泊，以及古老的城堡和城市。此外，
斯洛維尼亞人以其熱情好客和友善而聞名，除了自然風光，斯
洛維尼亞還擁有豐富的人文歷史和文化遺產。遊客可以在這裡
感受到悠久的歷史和多元的文化氛圍，參觀古老的建築、博物

館和藝術展覽，這個國家的文化多樣性和對藝術的熱愛，使得斯洛維尼亞成為了一個獨特而富有魅力的旅遊目的地。

● 世界奇觀波斯托伊納鐘乳石洞穴 （Postojna Cave）

　　波斯托伊納鐘乳石洞穴被譽為世界奇觀，位於斯洛維尼亞境內，是全歐洲最大、世界第二大的鐘乳石洞，1818 年被發現。這個洞穴的形成可以追溯到 200 萬年前，其總長度超過 21 公里，洞深 115 公尺，而開放供遊客參觀的區域僅有 5 公里。遊客可以搭乘軌道電車進入洞穴，然後轉換為步行參觀，由當地導遊帶領，解說洞穴的奇特景觀。在洞穴內，壯麗的鐘乳石組成了一幅幅獨特的景觀，令人讚嘆不已。溶岩洞穴屬於喀斯特地形 (即石灰岩地形，易受碳酸性雨水溶蝕，形成孤峰和洞穴。)，因此洞穴內的地貌變化豐富，每一處都充滿著神秘和魅力。

▼ 波斯托伊納鐘乳石洞穴

◀ 普里迪亞馬古堡

● 普里迪亞馬鬼斧神工古堡 （Predjama Castle）

　　普里迪亞馬城堡的獨特之處在於其與山洞的完美結合。這座城堡擁有千年的歷史，建築嵌入於陡峭的山壁之中，形成了鬼斧神工的壯麗景觀。整座城堡高達 4 層樓，內部設施依然保持著中世紀的風貌，包括會議室、大廳、臥室、廚房和教堂等。城堡地勢險峻，充滿古老的復古氛圍，讓遊客印象深刻。

● 繁華的盧布里亞納市中心 （Ljubljana City Center）

　　盧布里亞納市中心由盧布里亞納河貫穿，最著名的地標是飛龍橋，橋頭有著兩座展翅欲飛的龍雕像，成為了城市的象徵。這裡繁華熱鬧，是斯洛維尼亞首都的中心地帶。

▲ 盧布里亞納河

● 普雷雪倫廣場（Presernow Square）

　　位於市區正中心的普雷雪倫廣場是盧布里亞納市的重要活動場所。廣場上有著擁有三重橋的景致，並豎立著斯洛維尼亞詩人法藍斯（France Presern）的雕像，他是該國的民族主義提倡者，其中一首詩成為了斯洛維尼亞的國歌。廣場後方的雕像則是繆斯女神，象徵著藝術和智慧。

▼ 普雷雪倫廣場

➤ 盧布里亞納城堡

● 盧布里亞納城堡 （Ljubljana Castle）

　　乘坐世界上最短的登山纜車，僅需 1 分鐘即可抵達盧布里亞納城堡，位於市區最高點。這座城堡是盧布里亞納最早發展的區域之一，也是該市最大的防禦性設施之一。從城堡可以俯瞰整個城市的全景，內部設有餐廳、博物館和教堂，吸引眾多遊客前來參觀。

▼ 盧布里亞納城堡俯瞰市中心

● 童話般的愛情湖泊與城堡

不來德湖和城堡（Bled Lake & Castle）

　　座落於不來德湖畔的不來德城堡是一座彷如童話般的建築，高懸在 130 公尺的山壁上，俯瞰著湖泊和周圍的風光。這座 16 世紀的軍事要塞，如今已成為了聯合國世界文化遺產。城堡內部設有教堂、餐廳和博物館，遊客需購票入內參觀。

◀ 不來德城堡

▲ 不來德湖

斯洛維尼亞擁有超過 100 座城堡，維護這些古老的建築非常不易，有些是私人所有，有些則捐獻給國家或者已經關閉。

不來德湖是斯洛維尼亞最大的湖泊，面積僅有 1.45 平方公里。湖中有一座小島，上面矗立著一座古老的教堂，成為了年輕情侶舉行婚禮的理想場所。此外，這裡還有一個特別的傳統：新郎要把新娘背上教堂，象徵著永恆的愛情。湖光山色，風景如畫，讓這裡成為了一個迷人的風景勝地。

在東南歐旅行中，我並沒有做太多功課，沒有對斯洛維尼亞的國情和景點抱有太多期待。然而，奇妙的景色和美景讓我感到驚艷，這次的旅程充滿了意外的收穫。

3. 行旅情報

　　巴爾幹半島（Balkans）位於歐洲的東南隅，座落亞得里亞海和黑海之間，是一片充滿著豐富歷史和文化的土地。目前，巴爾幹半島共有 11 個國家，總面積為 476,000 平方公里，人口高達 1.3 億。然而，由於地處歐亞交界的戰略位置，巴爾幹半島在歷史上一直是政治、宗教和民族糾紛的中心，被譽為「歐洲火藥庫」。早在 20 世紀初至第一次世界大戰前，巴爾幹半島的緊張局勢就已十分明顯。當時，各大國如俄羅斯帝國、奧匈帝國、德意志帝國等在此地主張領土和勢力範圍，而當地民族主義的興起更加助長了地區的不穩定，導致了多次戰爭。

- 航班路線：阿聯酋航空：台灣桃園→阿拉伯聯合大公國杜拜 →斯洛維尼亞盧布里亞納。
- 簽證：免簽證，每 6 個月內可停留至多 90 天。
- 時差：斯洛維尼亞比台灣慢 6 小時 (-6)。
- 匯率：歐元：新台幣 =1：35* 以當時匯率換算 *
- 住宿：推薦 Radisson Blu Plaza Hotel 作為住宿選擇。
- 波斯托伊納鐘乳石洞網站：postojnska-jama.eu

二、探索克羅埃西亞：古典與浪漫之旅

　　克羅埃西亞 (Croatia)，一個充滿歷史和文化的國家，位於巴爾幹半島的中南部。擁有豐富的自然風光和令人難以置信的建築遺產，面積 56,594 平方公里，人口約 390 萬。首都札格雷布（Zagreb）是政治、經濟和文化中心，而工業則主要集中在這個城市，包括金屬、電器設備、紡織、化工等領域。克羅埃西亞曾是南斯拉夫加盟國之一，1991 年宣布獨立，2013 年加入歐盟，2023 年加入歐元區及申根公約會員國。

　　在這次旅行中，我有幸認識了來自澳洲的 Mike & Roby 夫婦，他們是友誼團的老朋友，曾在 2017 年訪問台灣新竹。他們參加了世界大會會前的旅行，並計畫在大會結束後繼續前往其他國家，深入探索巴爾幹半島的美景和文化。

　　另外，我在旅行中結識了 Brenda 和 Joy，兩位來自波士頓的女士。Brenda 是一名退休英文老師，熱衷於志願服務和旅行，而 Joy 則是一名註冊護士，從事放射科服務。儘管她們面臨著一些身體上的困難，但她們對探索世界的熱情依然不減，這次旅行給了我們難忘的回憶和寶貴的友誼。

1. 魅力前首都瓦拉日丁

　　瓦拉日丁 (Varazdin)，是位於克羅埃西亞內陸的一座歷史悠久的城市，曾經是克羅埃西亞的首都。儘管這座城市是禁菸城市，曾經因一位居民偷偷在羊圈抽菸，導致遭遇一場滅城的

▲ 前首都瓦拉日丁城堡

大火，但它的城堡、教堂和修道院等歷史建築仍然保存完好，
成為了城市的重要標誌和博物館。

　　在瓦拉日丁的城堡內，可以感受到中世紀的氛圍，橘頂白
牆的建築線條清晰，讓人難以忘懷。這座城堡於 14 世紀開始
建造，原本是為了防禦而建，而在 1980 年進行了一次重建。
現在，城堡內部已經轉變成了博物館，展示了許多歷史、繪畫、
家具和武器等珍貴的文物。

▲ 維利基塔波城堡

　　另一個值得一遊的地方是位於海拔 334 公尺小山上的維利基塔波城堡。這座城堡建於 12 世紀,擁有一座五邊形的高塔,據說易守難攻,因此在古代被視為不可侵犯的要塞。現在,這座城堡也成為了一座博物館,展示了各種家具、工具和武器及繪畫等文物。無論是從城堡眺望山下的風景,還是從山下遠眺城堡的壯麗景色,都讓人感受到該城堡的獨特魅力。

2. 魅力札格雷布：克羅埃西亞之心

　　札格雷布（Zagreb）是克羅埃西亞的首都，人口約 81 萬，是一個充滿活力和歷史的城市。這座城市的交通十分便利，火車站和電車網絡四通八達，為居民和遊客提供了便捷的交通工具。

　　在耶拉齊查廣場可以看到一座英雄式的雕像，這是紀念克羅埃西亞的民族英雄耶拉齊查。他曾在 1848 年領導當地居民抵抗匈牙利的入侵，讓克羅埃西亞成為一個統一的國家。從廣場往後走，你可以乘坐電車來到警盜鐘塔，這座塔曾是城市的瞭望塔，如今則成為了一個觀光亮點，每小時會燃放一次砲，以提醒城民保持警覺。

▼ 耶拉齊查廣場

▲ 聖馬可教堂

聖馬可教堂：是另一個必訪的景點，它的屋頂以馬賽克磁磚拼出克羅埃西亞和札格雷布市的徽章。教堂的兩邊是克羅埃西亞總統府和國會大樓，其中，總統府在 1991 年尋求獨立時曾遭到塞爾維亞火箭筒的襲擊，但幸運的是，總統當時正在外面喝咖啡，逃過一劫，這座建築被炸毀後得以重建。

◀ 石門

　　而位於札格雷布的唯一殘存的城門是石門，這座建築前有一幅聖母畫像，據說當年城門附近的教堂在 1758 年的戰爭中被摧毀，唯有聖母畫像幸免於難。這裡每天都有許多人來祭拜，成為了札格雷布的一個觀光景點。

　　在札格雷布的多拉茲市場，你可以品嚐各種美味的水果和當地特色食品，特別是深紫色的蜜李，香甜多汁，令人回味無窮。此外，你還可以前往民族學博物館，了解克羅埃西亞的文化和歷史。

● 古物展示的的民族學博物館（Ethnographic Museum）

　　地圖上顯示有很多博物館，經過一個一個去拜訪，發現不是在整修，就是關門大吉或休館日，最後幸運的找到一座「民族學博物館」，1919 年成立，展出克國相關文物如服裝、武

器及樂器、家具及工具等。

札格雷布不僅是交通樞紐，還是一個充滿著各種文化和美食的城市，適合自助旅行的遊客。而且相對於斯洛維尼亞，克羅埃西亞的物價更加實惠，讓你可以更輕鬆地享受這座城市的魅力。

▲▶ 民族學博物館

十六湖國家公園（Plitvice Lakes）：聞名於世，也是我一直嚮往的旅遊勝地，原文名為普列提維切湖群（Plitvice Lakes），創立於 1994 年，以特殊的石灰岩地形為主，是由許多石灰岩沉積形成的天然堤壩，這些堤壩又形成了一個個湖泊、洞穴和瀑布。共有大大小小 16 個湖泊組成，是克國最大的國家公園，每年，數以百萬計的遊客湧入這裡，欣賞其四季變幻的美景。即便在冬季，湖泊有時也會結冰，但當我們造訪時，正值秋季，一切依舊翠綠欲滴。

領隊為了照顧多數年長的旅客，特意安排了一條簡單輕鬆的路線，我們沿著石階漫步到湖邊，然後來到主要的瀑布區，一起拍了團體照。接著，我們沿著緩坡的步道上行，到達了一處搭船處。在碧綠的湖水上，我們搭乘小船漫遊，兩岸綠樹成蔭，原始自然，宛如來到世外桃源。

最後，我們換乘另一艘小船，來到了終點，再轉乘遊園車，才能返回起點。經過約 4 小時的遊覽，我們終於回到了公園的入口，這是一天中最長、最累的一段旅程，但同時也是最令人心曠神怡的一天！

▲ 十六湖

▲ 十六湖利卡美食

3. 海岸之夜—結婚紀念日在札達爾

　　世界唯一的海管風琴在札達爾（Zadar）舊城： 札達爾舊城座落在一狹長小半島上，被亞得里亞海環繞，商船和遊艇在天然港口停泊，形成一幅壯麗的海岸景色。我們抵達札達爾（Zadar），這座位於亞得里亞海岸的中心地帶的城市，當晚入住在 Kolovare Hotel。酒店位於亞得里亞海岸邊，每天都有來自各國的郵輪停靠，風景相當宜人。

　　9 月 28 日是我們夫妻的結婚紀念日，在中午用餐的時候，和有一位同桌的朋友提及了這個特別的日子。消息傳到了導遊的耳中，他非常貼心地安排了餐廳為我們準備了點心和飲料，以表達祝賀之情。當太陽落山後，我們一起品嚐著贈送的飲料和冰火巧克力蛋糕，欣賞著夜幕低垂時月亮的升起。聽著海浪

▼ 聖多那教堂

◀ 札達爾導遊
解說海管風琴

拍打岸邊濤聲的交響曲，在笑語中回憶著過去的時光，度過了一個難忘的第 39 個結婚紀念日。

11 世紀的聖馬麗修道院，是舊羅馬時期的遺址，依然保留中世紀時的模樣，其後方則是羅馬時期建築的部分石柱及圍牆，重要的文物已經送進博物館，博物館就在遺址的對面，而且還有一棟羅馬時期倒塌後再重建的老教堂（聖多那教堂），造型有些特別，周圍是八角型設計，地基是由舊建築的斷垣殘壁堆砌而成。

接著導遊帶著大家前往一處經整修的非常現化代的海邊，並說明有一位有名的建築師（Nikola Basic），在海堤下，特別設計的海管風琴（Sea Organ），由於 35 根風琴管的長短不同，在海浪拍打時，將空氣打進風管中，就會發出類似鯨魚在海中相互溝通的聲音，而且因為海浪的大小及季節的變化，其聲音的高低及遠近各有不同，據說最遠可以傳到 5 公里外。

導遊說，可惜的是亞得里亞海附近並沒有鯨魚，這樣的規劃，只是為了吸引遊客而設計，並且是目前世界上獨一無二的海管風琴。

4. 旭本尼克（Sibenik）舊城歷史的軌跡，文化的祭典

　　旭本尼克舊城是少數沒有被羅馬統治的城市之一，其獨特性在於看不到羅馬遺跡。然而，這座城市在 12-18 世紀被威尼斯統治，並且擁有著值得一遊的世界遺產教堂。

　　聖雅各大教堂：1955 年建立，白色石灰石打造，經多年重覆修護，2000 年列入世界遺產。

▲ 聖雅各大教堂

➤ 米迦勒節

　　9 月 29 日當日正在慶祝米迦勒節（Michaelmas's Day），
舊城內的著名教堂是聖雅各大教堂（St. James Cathedral），
圍滿著很多的信徒及教會的教士，宗教儀式的聖歌，透過廣播
系統，穿透整個舊城區，處處是聖歌，處處是聖靈，他們身穿
白色服裝，象徵著純潔和虔誠。一些信徒還穿著傳統服飾，共
同參與宗教儀式和聖歌，晚上還有遊行，整個舊城區充滿了祥
和的氣氛。

　　慶祝米迦勒節：米迦勒節，意為天使長聖米迦勒的慶日，
在基督教中，米迦勒是所有天使長中最偉大的一位，祂因在天
堂戰爭中擊敗撒旦而獲無上尊榮。是旭本尼克教區的守護神。

5. 斯普利特（Split）

　　克羅埃西亞第二大城市，也是工業大城，旅客重要出入口，商船、渡輪及遊輪出入頻繁，舊城區的戴克里先皇宮是 1979 年列入世界文化遺產，是遊客探訪主要目的地。

　　羅馬遺跡的戴克里先皇宮（Diocletian Palace）：座落在舊城區，是羅馬統治時期建造的正方形皇宮。據說這是 3 世紀最偉大的軍人皇帝戴克里的退休居所。皇宮有 4 個門，分別是金門、銀門、銅門和鐵門，北邊是金門。

　　我們自銅門首先看到的是皇宮的地下宮殿，規模龐大，建材考究，可能用作倉庫或關押罪犯。羅馬帝國衰落後，地下室荒廢。近代為保護遺址和開放觀光，進行了清理和整修。

▲ 戴克里先皇宮

ARRIVAL
APPROVED

　　進入皇宮核心區域，大理石建造的大圓柱高聳整齊，是典型的羅馬建築特色。中庭至今仍擺放著一尊自埃及運來的獅身人面像，後方是四層樓高的鐘樓。

　　神殿前空地擠滿了觀光客，當地舞蹈學校正在假日表演，讓遊客盡情欣賞。經過銀門，最後抵達金門，是昔日皇宮的主要入口，警衛盤查，不受歡迎者可能被拒入宮，甚至被射殺。如今，為了增添臨場感，當地人扮成羅馬士兵，手拿著長刀及盾牌提供拍照服務，我們也由導遊安排與他們合影，以資紀念。

▼ 團員在先皇宮金門口與羅馬士兵合照

▲ 寧斯基主教雕像腳趾

寧斯基（Ninsky）主教的雕像位於金門外的一個小公園，他是 10 世紀克羅埃西亞的主教，勇敢挑戰羅馬教皇，成功推行以斯拉夫語彌撒。人們為了紀念他的勇氣而豎立了這座雕像。據說摸雕像的右腳大拇趾可以帶來好運，因此該部位顯得特別明亮，可能已經被數 10 萬人撫摸過。

● 奧匈帝國建築考古學博物館（Archaeological Mueum）

參觀考古學博物館，館員解釋說，這座博物館原先是奧匈帝國時期的建築，後來改建為博物館，並非羅馬時期建築。展出的羅馬時期小型玻璃製品呈現了一千多年前的工藝，精美至極。戶外展示了若干羅馬時期建築的斷垣殘壁，雕刻十分細緻。

6. 世界遺產杜布洛夫尼克舊城區（Dubrovnik Old Town）

　　克羅埃西亞南部港市，此城面臨著義大利半島的東岸，以碧藍海岸風景優美及紅屋頂建築聞名，是熱門的度假勝地，有「亞得里亞海之珠」的美稱。人口4.4萬。最初由古羅馬人興建，發展海岸貿易，中世紀是亞得里亞海中唯一能與威尼斯匹敵的城邦。

　　在 1991 年，克羅埃西亞共和國宣佈獨立後，在塞爾維亞的殘餘部隊南斯拉夫人民軍對該市發動攻擊。10 月 1 日，杜布洛夫尼克受到的圍困，並持續 7 個月之久。接下來的 3 年也有零星的襲擊。在戰爭結束後，飽受砲轟的古城區依據聯合國教育、科學及文化組織的指引去修復。

▼ 杜布洛夫尼克亞得里亞海

結束 FFI 跟團，就開始自由行，搭乘公車去舊城，買了 2
張票（5 歐元），免費進入舊城，城內幾乎保留中世紀建築的
規模及外型，讓人有來到古代歐洲的感覺，古城四週都由高城
牆包圍，牆內建築物有教堂、市集、總督辦公室及住家等。

▼杜布洛夫尼克舊城區

▲ 歐諾弗利歐水池

　　歐諾弗利歐水池（Onofrios Fountan）：進入皮勒城門（Pile Gate）就看到了水池，很多人圍在那休息或裝泉水飲用，是舊城地標，1438 年建造，由那不勒斯水利工程師歐諾弗利歐設計，建於 1438-1444 年，為了供給公眾用水而建造，水池原始設計為兩層，上頭裝飾著許多精采雕刻，可惜毀於 1667 年的大地震，如今僅剩下 16 個出水口的面具雕刻，目前已有新的供水系統和舊系統結合，水引自杜布洛夫尼克河。

　　方濟會修道院（Rranciscan Monastery）：歐諾弗利歐水池左邊，是方濟會修道院包含教堂、博物館和藥房，歐洲第一間賣藥藥房，於 1317 年營業，1667 年地震後，重新建後翻新，建築風格已大不同，但大門聖殤像和鐘樓仍保留。

● 鐘樓（City Bell Tower）

位於史特拉敦大道最底部，在一進城門就可遠觀，31 公尺高，建於 1444 年，重修多次，也是古城地標，我是容易迷路的人，不用擔心，找到這鐘塔，就找到出口。舊城是美國知名的電視劇冰與火之歌 - 權利遊戲（Game of Thrones）的拍攝現場，是遊客來朝聖的重要景點。

7. 克羅埃西亞美食

在首都札格雷布市中心，沿途有許多各式各樣餐廳，我們選擇了 1 家戶外餐廳，夫婦二人各點海鮮 Pizza 和青醬雞肉義大利麵，也要 40-50 歐元，還有朋友點香腸及火腿，都是道地南歐料理。

環繞著十六湖國家公園的 Licka Kuca, Plitice 餐廳，建於 1972 年，按照民族博物館的風格布置，真實地呈現了利卡地區豐富的傳統，這個區域名為「利卡」，而「庫卡」指的是家常菜。利卡菜擅於採用當地食材，以燒烤或燉煮的粗獷烹調方式，保留食材的原汁原味。特色菜有烤鱒魚、羊肉料理、肉類燒烤和利卡湯。我們看到近門口火爐正燒著

▲ 導遊領隊

▲ 克羅埃西亞美食

　　火炭，熊熊火苗燒著利卡湯，是原始的烹飪方式，利卡湯由羊肉和根莖類蔬菜及馬鈴薯長時間燉煮而成，濃郁醇厚。我們有幸品嚐當地沙拉及羊肉。

　　天氣實在炎熱，攝氏 28 度，在杜布洛夫尼克舊城區選擇了 1 家餐廳享用簡單的午餐 2 人共吃豬排沙拉及 2 瓶小可樂，共 28.5 歐元，畢竟是風景區，價錢實在貴的嚇人。

8. 行旅情報

- 旅行社遊覽車：斯洛維尼亞盧布里亞納→克羅埃西亞瓦拉日丁→札格雷布→札達爾→旭本尼克→斯普利特→波士尼亞與赫塞哥維納（莫斯塔爾）→克羅埃西亞杜布洛夫尼克
- 簽證：免簽證，每 6 個月期間內可停留至多 90 天
- 時差：克羅埃西亞比台灣慢 6 小時 (-6)
- 匯率：歐元：新台幣 =1：35* 依當時匯率換算 *
- 住宿：推薦 Kolovare Hotel、Marvie Hotel、
- Sheraton Riviera Hotel 作為住宿選擇
- 十六湖國家公園網址：np-plitvicka-jezera.hr/en

※ 自 1972 年起，聯 合 國 教 育、 科 學 及 文 化 組 織（UNESCO）開始根據《保護世界文化和自然遺產公約》將價值較高的文化遺產和自然遺產選為世界遺產。

在克羅埃西亞共認定了 7 處世界文化遺產：

1. 杜布洛夫尼克古城（1979、1994 年）

2. 斯普利歷史建築群與戴克里先皇宮（1979 年）

3. 普列提維切湖群國家公園（十六湖）（1979、2000 年）

4. 波雷奇歷史中心的尤弗拉西安教堂宗教建築群（1997 年）

5. 特羅吉爾歷史城鎮（1997 年）

6. 旭本尼克的聖雅各大教堂（2000 年）

7. 赫瓦爾的斯塔里格勒（舊城）平原（2008 年）

這趟克羅埃西亞六天五夜之旅，我們只去過 4 處（1.2.3.6）世界遺產，可見未來再旅行該國仍可期待！

※FFI 在杜布洛夫尼克（Dubrovnik）舉行世界大會

每年一次的世界大會，參加主要是討論各國會務現況和明年計畫，與會各國會員可藉此多互動交流，我們匆匆一瞥，約有 60-70 人參加。我們是新會員，初體驗與各國會員的會前旅行互動，就不參加大會議程，將繼續前往奧地利維也納旅行。

年會結束，有些會員繼續由克國往南再拜訪其他 3 國，蒙地內哥羅，塞爾維亞及馬其頓，有的會員就回各自的國家。

參加 FFI 國際活動初體驗圓滿結束，可以短時間之內認識很多各國朋友，稍做交流，遺憾的是因旅遊行程很滿檔，是住飯店，沒有住會員家，只有在用餐同桌時，才有時間閒聊，無法全部認識團員並深入交談，還好有互留會員的 WhatsApp 及 E-Mail，日後可再連絡。

我與會員間英語溝通一般沒問題，英語導遊很熱心服務，介紹景點及歷史很長，會說當地小故事，英語導覽速度太快，對英語系國家的團員很容易聽懂，對我來說耐心有限，且無法全聽懂，還好有先生陪同協助翻譯。

三、行程中的驚喜─波士尼亞與赫塞哥維納

導遊說要讓大家驚喜，行程增加一國，就是波士尼亞與赫塞哥維納（Bosnia and Herzegovina）。波士尼亞與赫塞哥維納（簡稱波士尼亞）為克羅埃西亞國最南端的鄰國，土地面積51,209 平方公里，人口約為 330 萬人，亦曾是南斯拉夫加盟國之一，在南斯拉夫政權瓦解後，於 1992 年獨立，由於境內存有波士尼亞族、克羅埃西亞族及塞爾維亞族等不同種族，各自信仰伊斯蘭教、天主教及東正教等不同宗教，經過多次的衝突及妥協下，最後終以國內三個政治實體組成對外統一的國家。首都是莫斯塔爾（Mostar） 也是波國最有名的城市，1,175 平方公里，人口 12.8 萬。

1. 世界遺產莫斯塔爾老橋（Mostar Old Bridge）

莫斯塔爾有一座莫斯塔爾老橋，是一座 16 世紀的橋樑，橫跨內雷特瓦河 (Nereta River)。古橋矗立了 427 年後，於1993 年 11 月 9 日波士尼亞戰爭期間被摧毀。之後開始重建項目，並於 2004 年 7 月 23 日重新開放，莫斯塔爾古橋呈拱形，4 公尺寬，29 公尺長。2005 年，該橋及周邊地區被聯合國教科文組織列為世界遺產。橋的二邊分別是信奉天主教的教堂，另一邊為信奉伊斯蘭教的清真寺，二邊人民雖然信仰不同，昇平時期相互往來，如同兄弟姐妹或鄰居，但在政客的操作之下，不同種族及不同宗教就打的你死我活，相當殘忍。波國歷經多

次內戰，最後在西方國家及聯合國協助下，終於回復昇平的日子。因為波國尚未加入歐盟，因此要經過海關的查驗，雖然每人都有持有護照，免簽證，在車上等程序完成約近 1 小時。

◀▲ 莫斯塔爾老橋

▲ 天主教區

　　終於通過波國的海關，進入波國沿路的景色，公共建設稍
有落後，莫城的古橋區，當地導遊解說了該橋的意義代表了種
族的融合， 一個國家、三個種族、三個政治實體、三個總統，
很多事要協調溝通，將來可能會有戰爭。在該橋的附近大樓的
牆上，仍然存留許多內戰時期留下來的彈孔，讓人們可以感受
不同種族及不同宗教的和平相處，是多麼不容易。

▲ 佩列薩克橋

2. 佩列薩克橋（Peljesac Bridge）

　　離開了波國海關，來到克國的一座新大橋，據悉是委由中國工程公司建造的，將原要 3 年的工程縮短致 2 年內完成，2022 年開通，是一處旅客到杜城必經的景點，克國國土到杜城間有一段為波國所有，全長 2.44 公里。

　　本來克國人每次要往返杜城都要經過波國海關，實在費時又費力，因此經向歐盟爭取，經歐盟同意出資一部分，由克國配合一部分資金，共同興建造克國國土相銜接的大橋，並經召開國際標，結果由中國的公司得標，大家才可看到這一座如此宏偉的大橋，對克國來說真是意義重要且深遠。

3. 波士尼亞傳統美食

　　由於來古橋觀光的人實在太多了，到處是人，老橋二區販賣不同的物品餐點，覺得伊斯蘭區用具很特別鮮豔，很受旅客喜愛，二邊餐廳也是一位難求，決定在天主教這邊的餐廳用餐，經由服務人員介紹，我們兩人點了一份超級海陸大餐，有魚、蝦、牛肉、雞肉、豬肉及沙拉，滿滿一大盤，應有盡有，實在太豐盛了，35 歐元，物超所值！

▶ 伊斯蘭用具
▼ 在天主教區吃海陸大餐

四、充滿優雅和歷史魅力的奧地利

　　奧地利共和國，通稱奧地利（Austria），是一個位於中歐的內陸國家，奧地利與多國接壤，全國人口約 900 萬，面積 83,871 平方公里，由於阿爾卑斯山的存在，奧地利成為了一個山地國，奧地利是當今世界最富裕的國家之一，自 1995 年以來就是歐盟成員，2002 年起使用歐元。奧地利和德國、瑞士、盧森堡均屬於德語區，在歷史上是日耳曼民族的文化發源地之一。

　　首都維也納曾經是神聖羅馬帝國、奧地利帝國和奧匈帝國的帝都，也是統治中歐 1,300 餘年（650 ～ 1918 年）的哈布斯堡王朝之核心，首都兼最大城市，人口約 190 萬，是政治、經濟、文化之中心，人文薈萃的奧地利首都維也納 (Vienna)，不只奪下全球最宜居城市，2023 年還拿下最「無憂無慮」的城市。

　　2023 年英國保險公司 William Russell 針對全球 37 國、66 個城市，評比生活成本、貧窮人口占比、醫療支出、城市清潔度、自殺率及 LGBT 族群安全度，維也納得到最「無憂無慮」城市大獎。

　　LGBT 這個名詞，每個字母代表一個族群，分別是女同性戀（Lesbian），男同性戀（Gay），雙性戀（Bisexaul），變性者（Transgender）。研究時，使用 LGBT 來代表所有非異性戀的族群。

1. 夫妻共遊人文薈萃之都維也納

2012 年旅居英國時，在結束學習英文 3 個月課程後，曾前往德國獨自旅行 10 天，並在法蘭克福跟團到周邊 6 國 7 天的旅行，曾來過奧地利維也納，它是奧地利首都，素有音樂之都美譽，華爾茲舞曲更馳名於世，曾聽莫札特音樂及華爾茲舞曲表演，13 人樂團演奏莫札特名曲，有男高音及女高音演唱，還有芭蕾及華爾滋舞貫穿表演，觀眾陶醉於美妙音樂中！

美泉宮（Schoss Palace）：是奧地利的一代女皇馬麗亞杜麗莎（西元 1740 執政）於黃金時代擴建的宮殿，外觀是巴洛克式建築，御花園視野廣闊，布置許多雕像和噴泉，可惜皇宮內部不能照相，內部裝潢金碧華麗，顯示奧匈帝國全盛時期的輝煌。

薩爾斯堡（Salzburg）：景色秀麗的阿爾斯山的北麓古城，是音樂神童莫札特的誕生地，此城由三座小山環，薩爾斯河流經市區，這片湖光山色的美景，是電影《仙樂飄飄處處開》拍攝的外景，坐纜車至城堡，城堡內展示兵器、火砲及軍服，俯瞰薩城全景一覽無遺，應是當時重要守城據點。

美泉宮及花園、薩爾斯堡歷史中心，皆於 1996 年列入世界文化遺產。

旅行中的建築，有很多，不容易懂，大致常見的有巴洛克建築、哥德式建築、羅馬式建築，當然有綜合體建築。

巴洛克建築是 17-18 世紀發展，其特點是外形自由，追求動感，喜好富麗的裝飾、雕刻和強烈的色彩，常用穿插的曲面

▲ 美泉宮

和橢圓形空間來表現自由的思想和營造神秘的氣氛。常有拱廊、拱柱，如聖伯多祿教堂和凡爾賽宮。

　　哥德式建築是發源於 12-16 世紀，特色包括尖形拱門、肋狀拱頂與飛拱，很多尖塔組成，如鷹架。繼承了羅馬式建築的很多特點，如扶壁（buttress）、十字平面等，如聖史帝夫大教堂及米蘭大教堂。

　　羅馬式建築兼有 西羅馬和拜占庭建築的特色，並因其結實的質量、厚重的牆體、半圓形的 拱券 、堅固的墩柱、拱形的穹頂、巨大的塔樓及富於裝飾的連拱飾而知名，顯得雄渾而莊重，如羅馬競技場及義大利比薩主教堂。

此次從克羅埃西亞搭乘廉價瑞安航空飛往奧地利，有登機櫃台，沒有登機服務人員，包括掛行李及取登機卡，都是由機器辦理，很快就取得登機卡，入關也快速。廉價航空沒有提供免費食物，我們在機場點了雞肉三明治加飲料。手提行李限 7 公斤，大小也有規定，我們事先有加購 2 個中型行李箱。2012 年我從英國到德國和到西班牙，該飛機登機門入口檢查行李很仔細。在杜城登機櫃台根本沒有再檢查，不知是否人力不足？或疫情太久，檢查也沒那麼嚴格了！

　　飛機抵達維也納時已經是深夜 11 時，出關共花 30 分鐘，出乎意料之外的快速，令人驚訝！接著搭上計程車，車費 57 歐元，直接送我們到達下榻的飯店（Leonard Hotel Vienna）。

2. 走進曾經的輝煌—必訪景點

　　這次我舊地重遊維也納，主要是陪伴未曾到訪維也納的徐先生來旅行，及方便他轉機回台灣。我以前是半自助旅行方式，不用安排交通和旅館，這次就來個自助冒險旅行，景點就盡量跳過我曾去過的地方。

▲ 中央車站

歷史悠久的聖史蒂芬大教堂＆聖伯多祿教堂（St. Stephen's Cathedral & St. Peter's Cathedral）：聖史蒂芬大教堂已近千年歷史，據悉係在歐洲繼德國科隆大教堂之外的第二大教堂，哥德式建築外觀確實雄偉華麗，尤其是塔樓，更是設計精美，是免費開放參觀，內部布置真的是金碧輝煌，莊嚴肅穆，令人既驚嘆又崇敬，相當值得。

▲ 聖伯多祿教堂

▲ 聖史蒂芬大教堂

◀ 黑死病紀念柱

　　看到沿街都是遊客搭著維也納中世紀的馬車，馬蹄聲劃破城市的寧靜，也帶來觀光的生機，聖伯多祿教堂，係一座古老的羅馬天主教教堂，建築風格為巴洛克式，內部擺設也是金碧輝煌，令人嘆為觀止，並提供遊客免費參觀。

　　記錄鼠疫的黑死病紀念柱（Plaque Column）：紀念柱是三位一體紀念柱 (天使、女巫、皇帝)，建於 1693 年，是由哈布斯堡王朝利奧波德一世，為感謝上帝終結了黑死病所興建，由於造型特別，人物刻劃栩栩如生，總是吸引許多遊客駐足觀賞及拍照。

▲ 霍夫堡皇宮

　　傳奇美麗的西西博物館（SI SI Museum）：博物館位於霍夫堡皇宮內部一處，門票 2 人 35 歐元，提供語音導覽，而且有中文的服務，只要將解說機按下所到地點的號碼，機器就會告訴你眼前所看到的各種與西西公主有關的收藏品、衣服及用品。還有奧地利伊莉莎白皇后（即西西公主）的愛情故事及如何幫助奧地利丈夫皇帝 (佛朗次・約瑟夫一世) 並獲得匈牙利人民愛戴，也尊她為匈牙利皇后（西元 1848），她一生的事蹟及在美泉宮生活點滴，如何由一個快樂的小公主變成了鬱鬱寡歡的皇后，最後在一次旅行途中被人意外誤殺而結束其傳奇的一生，令人不甚唏噓。

➤ 西西博物館

藝術的美景宮（Belvedere Palace）：係當年奧圖曼帝國 18 世紀歐根將軍的宮殿，前面草皮非常廣闊，現宮殿已是美術館，遊客需購票入內參觀，分上美景宮和下美景宮，我們只參觀上美景宮，敬老優待票 2 人 31 歐元，館內最有名的一幅畫是維也納知名藝術家克林姆最有名的大作─吻「The Kiss」，應該可說是該館的鎮館之寶，其他繪畫和雕刻，收藏相當豐富。

我先後都有去參觀美泉宮和美景宮，二宮殿容易混淆，各有特色。美泉宮是奧地利的一代女皇馬麗亞杜麗莎擴建的宮殿，以皇家宮殿房間為主，花園大而美，票價貴。而美景宮是奧圖曼帝國歐根將軍的宮殿，以雕刻及繪畫藝術作品為主，花園比較小，門票較便宜。

▲ 美景宮 The Kiss 畫
▼ 上美景宮

▲ 上美景宮

▲ 下美景宮

◀ 城市公園

　　滿滿音樂家雕像的城市公園（City Park）： 公園裡很多父母帶著小朋友在遊戲場遊玩，一座橋和一個池塘，池塘內有水鴨成群戲水，池塘週圍有座椅，許多人在這裡休息聊天，旁邊的步道樹立許多音樂家、作曲家等人的雕像，其中最有名的是以金色塑造的小約翰史特勞斯的雕像，是奧地利的圓舞曲作曲家，作品如藍色多瑙河等曲。

　　利辛市中心（Liesing City Center）： Host 帶我們至 Liesing 市中心，看到一座古教堂及古堡，古堡現已改為博物館，教堂的鐘樓很高，上下建築石材不同，Host 說是因在不同時期，以不同材料興建完成。有一處紀念碑，係為紀念黑死病的結束，與維也納市區的紀念碑有相同的紀念性，規模較小。

3. 關於食旅點滴

● 迷宮般的維也納中央車站 （Central Station）

Servas Host Thomas 為我們推薦合宜又方便的旅館（Leonard Hotel），就在維也納中央車站的附近，走路約 3 分鐘到達，交通極為便利，並建議我們到地鐵可到達的景點先逛逛。

走到中央車站買 3 日票，接著依飯店櫃台給的地鐵圖，好像在尋寶一樣，去尋找要坐的地鐵，因為維也納中央車站是該國最重的交通樞紐，包括高鐵、地鐵、電車、快鐵、機場鐵五鐵共構，及巴士都在此會集，中央火車站簡直在走迷宮，車站地下有二層，佔地極為廣闊，規劃設計相當複雜，還好標示還算清楚，雖然許多站名都是「德文」，但只要跟著地鐵圖示站名一站一站的確認，目的地終會到達。

● 入住 Servas Austria 住宿家庭三天二夜

維也納是受歡迎的城市，有 70 位 Host，但可能因忙於旅行或家中住有旅者，我找到第 10 位 Host 才有人同意接待，我們由中央車站搭快鐵去 Liesing（利辛），再轉公車，到達 Thomas 家。夫妻真用心，提供住一獨立套房，我們贈送台灣形狀冰箱貼、花生糖及徐先生親寫的書法春聯。

Thomas 曾經在聯合國國際組織任職，也去過非洲工作一段時間，對外交事物相當熟稔。女主人 Michaela 是一位教德文的老師，退休後在教會教導少數移民說德文，大兒子在加拿大工作，並與移民去加國的香港女性結婚，有 1 女，現住加拿大多倫多。大女兒嫁到丹麥，有 1 子。小兒子住在家附近其祖母留下來的房子，尚未結婚。

▲SERVAS HOST

▲HOST 家的晚餐

第1天晚餐女主人還特別煮了魚排餐，相當可口，飯後還有冰淇淋及點心，隔日豐富的早餐是土司麵包、培根、火腿、荷包蛋、牛奶及果汁。

　　第2天晚餐Host夫婦帶我們來到一家Liesing當地的著名餐廳，該館子主要是以釀酒為主，開餐廳是附帶的，1年僅營業幾個月，菜單全是德文，經Host翻譯略知一二，主菜有牛、雞及豬，我們邊吃邊聊，小兒子現為物理治療師，現為醫院電腦資訊企劃工作，屬幕後工作人員，想做第一線與病人接觸，發揮所長，曾經去過中國大陸，未來計畫來台灣及日本，歡迎Host Family來台灣旅行。

　　中央車站內有各式各樣的口味的餐廳，選擇性很高，我們選擇了麥當勞，點了2套餐，每份20歐元。也曾在西西博物館附近餐館吃沙拉、南瓜湯和吐司菇類素食，可樂1小瓶，共26歐元，在歐洲物價算貴，這趟旅行下來，不容易找到便宜的食物和物品，還好65歲長者，有些景點門票有半價優待。

➤HOST FAMILY
在外聚餐

4. 行旅情報

- 航班路線：瑞安航空：克羅埃西亞杜布洛夫尼克→奧地利維也納
- 簽證：免簽證，每 6 個月內停留至多 90 天
- 時差：奧地利比台灣慢 6 小時（-6）
- 匯率：歐元：新台幣 =1：35* 依當時匯率換算 *
- 住宿：推薦 Leonard Hotel Vienna 作為住宿選擇、Host Family
- 西西博物館網址：sisimuseum-hofburg.at

5. 結束歐洲行，夫妻各自飛

　　徐先生結束 14 天歐洲之旅，搭乘阿聯酋航空先行返台，我則搭乘瑞安航空獨遊以色列，結束夫妻共遊歐洲行程。

　　2017 年 12 月以色列曾辦理聖誕活動，邀請各國 Servas 會員參加，我們夫妻也報名了，但我當時 11 月發生車禍，騎摩托車被公車撞倒，左手骨折，急診送醫開刀並打上石膏，經醫師囑咐高空傷口會裂開，不得坐飛機出國，只好臨時取消以色列之旅。

　　在我心中仍存有一絲遺憾，在疫後，2023 年著手規劃壯遊地點，第一時間當然想到以色列，我不是教徒，只知耶路撒冷是宗教聖地，將一窺神秘面紗，並圓我當初未到該寶地一遊的夢想。

第 **3** 篇

中東烽火戰地歷險記
──以巴約驚爆 16 天日記

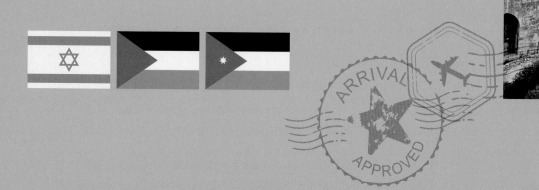

中東烽火戰地歷險記——
以巴約驚爆 16 天日記

以色列（Israel）位於中東地區，二戰後猶太人建國，1948 年宣布獨立。土地面積 22,000 平方公里，人口約為 960 萬人，其中約 75% 為猶太裔，20.8% 為阿拉伯裔，由於宗教及種族的差異，長久以來雙方的糾葛，動輒與鄰國擦槍走火，恐攻及衝突時有所聞，但仍屹立不搖於中東以阿拉伯人為主的地區。

第 1 天：入住以色列耶路撒冷住宿家庭

2023 年 10 月 5 日由維也納飛行 4 小時，晚上 7 時抵達台拉維夫（Tel Aviv）本古里安國際機場。Host 指導我在機場外面找往耶路撒冷的「共乘計程車」（Nesher Taxi Jerusalen）。這種計程車需有 10 位共乘者，可送乘客到家，每人分擔 20 歐元（70 Shekel 以幣）。一開始只有我和一位中年男士等車，

雖司機熱心攬客，等了半小時還沒等齊人數，這位男士主動與我搭訕，問我從哪裡來？我回答台灣台北，他是巴勒斯坦人，我提及已訂當地團去巴勒斯坦耶穌誕生地「伯利恆」旅

▲ 台拉維夫機場共乘計程車

行，他說那是個好地方。又等了 1 小時，終於再來 6 位乘客，司機說 8 人，每人 85 Shekels，大家同意就出發，我再跟巴勒斯坦人確認，他說 22 歐元，在車上這位男士和其他以色列乘客用希伯來文聊天，我聽不懂，但感覺互動愉快。

乘客陸續下車，我下車時，已是晚上 10 時，終於見到 Servas Israel Host 夫妻 Meira 與 Mike，他們住在新城（屬西耶路撒冷），安排我住在家中閣樓，女主人幫我準備三明治，吃完漱洗後上床睡覺，一天奔波實在太累了，我一夜好眠。

第 2 天：參觀宗教聖地耶路撒冷舊城區

早上 9 時男主人先帶我去舊城區大馬士革門（Damascus Gate）內的商店換匯，100 美金換了 370 以幣（Shekels）。我參加免費導覽舊城區，11 時在雅法門（Jaffa Gate）集合，要給小費 15-20 美金，有 25 名旅客參加，導遊說共有 8 個門，

▲ 耶路撒冷第一家

除先前我見到 2 個門外，還有新門（New Gate）、錫安門（Zion Gate）、希律門（Herod Gate）、黃金門（Golden Gate）、聖史蒂芬門（St. Stephens Gate）、糞門（Dung Gate），我聽了很頭痛，好像迷宮，我沒有方向感，超會迷路。

● 耶路撒冷舊城區（Jerusalen Old Town）

希伯來文稱之為「耶路撒冷」，阿拉伯文稱之為「聖城」。這座古城歷史悠久，曾多次被征服、拆毀、重建。儘管它成為不同宗教信仰間的焦點，但對這片聖地的崇敬是他們的共通點。耶路撒冷是猶太教、伊斯蘭教和基督教三大宗教的聖地，舊城區有 220 個歷史建築被列為世界遺產。

舊城區以狹窄的小巷和歷史建築為特色，分為基督徒、穆斯林、猶太人和阿美尼亞人四個區域，整個舊城區被堡壘般的石牆環繞。

西牆（The Western Wall）由猶太教管理，每年吸引數以百萬計的旅客，世界各地的猶太人都會前來這裡祈禱和憑弔。西牆是猶太人的聖地，是曾經位處聖殿山牆體的遺跡。週五是以色列的休息日，也是安息日，因此許多人在這裡禱告，但我們只能遠眺西牆。

西牆（又稱哭牆）一詞最早出現於猶太經典，形容它為「令

▲ 西牆

人哭泣的地方」。這個詞在 19 世紀的英國文學中被廣泛使用，猶太人常在此悼念他們失去的聖殿。猶太人相信這是創造世界的基石所在，也是亞伯拉罕獻祭獨生子以撒的地點。相傳穆罕默德曾將神獸布拉克拴在這堵牆上。

● 阿克薩清真寺和圓頂清真寺（Al-Aqsa Mosque & Dome of the Rock）

週五是伊斯蘭教主麻日，滿滿人潮在清真寺祈禱。我們沒有進入，也只能遠觀二座清真寺。主麻日是穆斯林於每週五舉行的聚禮，不管時區如何，穆斯林每天都必須按照太陽的路徑作 5 次禮拜。

▲ 阿薩克清眞寺

▲ 圓頂清眞寺

阿克薩清真寺是伊斯蘭世界位居第三位最神聖的清真寺，穆斯林相信他們的先知穆罕默德曾經從麥加遊歷到此地，跟所有先知的靈魂一起祈禱。另金黃色圓頂清真寺藏有聖石，穆斯林相信穆罕默德從這裡升天。

免費導覽約 1 小時 30 分，都在建築外走馬看花，沒有進入建築內部，需要付給小費，並無實質效益，以後我應該不會再想找免費導覽。

● **舊城市場（Old City Markets）**

走石板路，進入巷弄，路很窄，二旁攤店販賣很多食品、阿拉伯人（香、神燈）或猶太人用品、衣服、紀念品，飲料（石榴汁等），還有飲食攤店。下午自由活動，我去找 Host 介紹的當地小餐廳，市場巷弄很多，很類似，最後我迷路了，經東問西問，終於找到了餐廳，吃了口袋餅（Pita）、鷹嘴豆泥（Hummus）沙拉及可樂，原來都是素食，共 44 Shekels（約 338 台幣），物價算平價。

● **聖墓教堂（Church of the Holy Sepulcher）**

在基督徒中，聖墓教堂是一個重要的地方，被視為耶穌死亡、受難與復活的聖地。這座教堂由多個基督教派系聯合管理，其中希臘正教、羅馬天主教和亞美尼亞族長老教會佔有主導地位，並吸引了來自世界各地的大批朝聖者前來參觀。

當我拜訪時，教堂門口擠滿了朝聖者，一進門就看到一群人在一塊長方形的大理石上虔誠地敬拜，據說這塊石頭曾是耶穌被釘十字架後，大體解下來，放置的地方，長時間的敬拜，

▲ 聖墓教堂

◀▲ 聖墓教堂內部

讓它變成了粉紅色。在牆壁上，有聖母瑪利亞收屍的壁畫。向左轉進入耶穌的空墓，人潮排隊等候，需要花費大約 1 小時的時間才能進入。右側的樓梯通往耶穌被釘在十字架上的雕像，但由於人潮眾多，我感到壓抑和肅穆。

後來我轉到附近的贖罪教堂（Church of the Redeemer），在那裡我找到了平靜和安寧，可以專心觀看並祈禱。

早餐是雞蛋蔬菜餅和咖啡，晚餐是女主人準備烤雞腿、甜點蛋糕及咖啡。女主人是退休嬰兒房護理師，在英國讀書後去

▲HOST 家的早餐

▲HOST 家的晚餐

美國工作一段時間，再回以色列工作後退休，男主人是電工，每天 7 時 30 分至另一小鎮莫丹（Modain）上班，他們夫妻很晚婚，所以沒有生孩子。

第 3 天：驚爆巴勒斯坦加薩走廊哈瑪斯武裝部隊火箭攻擊

當日，我計畫前往以色列博物館（Israel Museum），但一早女主人卻憂心忡忡地告訴我，凌晨爆發加薩哈瑪斯武裝部隊以 5,000 多發火箭彈攻擊以色列，可能爆發戰爭，要我趕快回台灣。當時我驚慌失措，連忙聯絡另一位住蕭哈姆的 Host Ishai，但他因為警報而無法前來接我。幸運的是，我快速聯絡到住附近的 Host Amita，他表示願意收留我，雖然只能讓我睡書房，但我仍感到非常感動和欣慰，眼睛微紅，終於有人要收留我。

▲10 月 7 日電視報導加薩火箭攻擊

▲ 炒新竹米粉

　　根據 Servas 的規定，一個家庭只接待三天兩夜，雖然男主人 Mike 邀請我繼續留下，但女主人的潔癖讓我不忍心再多打擾。無法外出的當天，我決定煮了一頓台灣風味的中餐（炒新竹米粉），以感謝住宿家庭的熱情款待。米粉的食材都是冰箱裡現有的蝦仁、雞絲、櫛瓜和洋蔥，夫妻倆吃後都讚不絕口。傍晚時分，我與女主人一同前往街口，沒有公共交通工具可乘搭，車輛和行人也極為罕見。女主人最後陪我攔下一輛計程車（車資 20 美金），20 分鐘後我抵達了 Amita 的家。

第 4 天：入住耶路撒冷猶太教家庭

　　第二家 Servas Host 主人 Amita，他是退休希伯來文大學教授，對音樂有興趣，會彈鋼琴也是合唱團成員。女主人 Nurit

是教科學的小學老師，注重綠色環保，是素食主義者，有 3 個兒女 10 個孫子，都住在其他城市。

▲ 猶太教 HOST

他們是猶太人篤信猶太教，住宿家庭只吃符合教規的食物，就是潔食 (Kosher)，目前他們是蛋奶素，青菜沙拉及麵包是主食，及各種堅果及水果。

安息日依照猶太教儀式，點上蠟燭後夫妻吟唱祝福，當然我也獻上伴手禮，是台灣形狀冰箱貼及龍潭腰果和花生酥糖，他們不吃糖，但可送朋友吃。女主人嚴肅告知，我不能使用廚房煮菜及洗碗，這樣的習俗讓我有點驚訝！

◀ 猶太家素食

後來才了解，猶太教潔食，分為二種，一為植物純素食，是蔬果雜糧，目前只要是人類所能種出來的農作物，允許搭配蛋奶素。二為葷食，是牛、羊、鹿為可食的獸類。而駱駝、狸貓、兔子和豬，是「不潔」而不可食。大部份的魚類可以食用（無鱗片的鯊魚、鰻魚、鯰魚等除外），而一切貝類、甲殼類、頭足類及其他水生軟體動物，蝦蟹類都不可食用。

　　住在 Host 家的美國來的女學生也是素食者，高中畢業後準備當軍人，在軍隊入伍之前，來以色列接受訓練。她與我同日要離開這裡，本要去離台拉維夫很近的「雅法」，現因戰事危險四伏，又無公車或火車可到達，她滿心憂慮，不知該去哪裡？我們都在想辦法解決去處問題。

　　雖不能出門辦事，但可出門買食物，若遇到警報響起，人人要躲進房子地下室。住家附近有一小商店，我出門喘口氣，路上幾乎沒人。買了冰淇淋吃，並給孫子買了直升機玩具糖，坐在附近公園思考下一步該怎麼走？

　　沿路看到一些臨時搭的棚屋，有桌椅和圖畫布置，回去請教男主人，他說明猶太人的「住棚節」（Sukkot）是 9 月 29 日至 10 月 6 日 8 天，剛結束，該節日是紀念以色列人出埃及後流浪曠野時，曾住在帳篷裡，神與他們同在，供應一切需要。現搭建的棚屋可在其內吃飯、招待客人和睡覺，他家庭院也有，其他住樓上的人也會搭在陽台上，很熱心的帶我四周看看，這樣我又多了解一些猶太教的習俗。

　　晚餐後，女主人拿出壓寶箱，介紹她們的過往，祖父母住

德國，父親在她嬰兒期就過世，母親養大她和妹妹，一大本資料夾一一翻閱說明。我也跟她分享出版 90 歲父親的傳記，老人家現已 95 歲。一夜賓主相談甚歡，晚上 10 時女主人已哈欠連連，還意猶未盡，有相見恨晚之憾。

第 5 天：入住當地青年旅館

我決定入住新城區的青年旅館（Abraham Hostel）兩天，等待跟當地旅行社（Abraham Tour）去旅行（10 月 11-12 日去約旦佩特拉 2 日遊，和 10 月 13 日去巴勒斯坦伯利恆半日遊），但不知是否仍成行？美國來的女學生也有軍隊招待所願意收留，很慶幸我們都有了去處。

男主人幫我叫了計程車，20 分鐘車程車資只要 25 Shekels（約 210 台幣），比較來時便宜很多。上午 11 時到了青年旅館，員工說下午 2 時才能入住（Check in），行李可先寄放庫房。

● 大衛塔 & 博物館（David Tower & Museum）

10 月 6 日我沒時間參觀耶路撒冷舊城區的大衛塔，就搜尋網路，顯示當天有開門，走路約 30 分鐘，路上人車很少，我有點害怕，但還是壯膽前進。果然有開門，65 歲優待票 25 Shekels，我還問是否要護照佐證？帥哥員工說不用看，我很高興他相信我所說的。

二度進入耶路撒冷舊城區，我進入一樓博物館，先去上廁所，一出來，就有人喊我集合，我嚇了一跳，原來是警報又響

以色列

▲ 大衛塔

了，須停止參觀，我心想好慘！慶幸 5 分鐘後，又可以開始參觀博物館及歷史遺跡，並可上城牆走走。

　　大衛塔並不是一座塔，是建立於公元前 2 世紀的城堡，為加強耶路撒冷防衛而建立的戰略城堡，曾多次被征服者毀壞和重建，包括猶太人反抗羅馬人、基督徒、穆斯林、十字軍、鄂圖曼帝國等，名稱是拜占庭基督徒命名的，他們誤認為是大衛的宮殿，大衛王是公元前 10 世紀以色列聯合王國的第二任國

王。

　　大衛塔現為博物館，內有陳列文字、圖畫及模型（如聖墓教堂、圓頂清真寺等），並配合聲光動畫呈現，展現公元前 2000 年到現在以色列立國的歷史發展過程。城堡外建築層層環繞，沿著古樸石階，一覽多個聖殿、護城河、觀景台及 19 世紀的耶路撒冷模型，走到最頂端，是 17 世紀鄂圖曼帝國所建的宣禮塔（Minaret），見識到古城風光，果然不枉我轉來轉去爬階的辛苦。

　　參觀「宣禮塔」時，突然狂風來襲，傾盆暴雨，我幾乎被風吹倒，天象巨變，我害怕的立刻下樓跑出博物館大門，我沒帶雨具，只好躲進一家沙威瑪小店。

● **舊城區物價**

　　在舊城區吃中餐沙威瑪，隨意點餐，居然來了好大一盤，有雞肉、青菜沙拉、鷹嘴豆泥、口袋餅及可樂。想來吃了 3 天

▲▶ 舊城區市場

▲ 舊城區素食

▲ 千元沙威瑪

素食，正好補一補元氣，大快朵頤不亦樂乎，結帳時傻眼，160 Shekels，我身上沒那麼多以幣，很是尷尬，全掏出只剩120 Shekels，老闆只好說足夠了，只是我對上千元台幣的一頓午餐，心存疑問，是遇到詐騙了嗎？以色列物價有那麼貴嗎？這是我第 2 天在舊城區吃素食套餐的價錢還貴一倍！

我訂 4 人房的 1 床位，共 2 晚（房價 272 Shekels，約 2,312 台幣）的青年旅館，實際只有 2 人住，單身的室友 M 曾在香港任職秘書，現辭職來神學院上課 2 年，主修希伯來文聖經。她說明聖經上的希伯來文和現在大家說的不同，直白的問我：「是否是基督教徒？」並開始向我傳教。當時我正為不能速回台而心煩氣躁，告知我現在最重要的問題是如何買到機票回台！

另外認識已住旅館 3 週的單身香港女士 N，預備 Long Stay，她到耶路撒冷多次，也是基督教徒，來此地服事，和緩說服我信教，她說：「本只相信自己，也很獨立，後來母親往

生，走不出傷痛，進而相信上帝。」我回覆：「自己遇困難時，大部分是靠機智來解決問題，在台灣和國外有接觸到寺廟、佛堂和教堂，在家依民俗有拜祖先，不是宗教堅信者，信仰須循序漸進學習和了解，也許哪一天受到感動就信了。」。感謝熱心的她，帶我去超市買水蜜桃、魚罐頭及濃縮石榴果汁，她原有買 2 張以色列儲值式的交通卡（Israel Pass），送我 1 張，方便我坐汽車、輕軌電車和火車。

　　阿聯酋航空已停飛台拉維夫，原定 10 月 16 日飛台灣班機被取消，我就速 Email 燦星旅行社，因正值雙十連假，沒人值班，完全沒有回應，我很焦慮。

第 6 天：緊急連絡外館

　　Email 給我國駐台拉維夫經濟文化辦事處，請求協助，外館江秘書很快電話聯絡我並加 WhatsApp，幫忙聯絡台灣燦坤旅行社，他也沒連絡上。尤其新聞漫天烽火報導以色列戰火之時，旅行社居然沒有人值班，生死攸關之際罔顧客人需要，我當時氣憤難抑，聲明永遠不再購買這家旅行社的機票和旅行團。

　　青年旅館環境和房間尚屬清潔衛生，早餐有沙拉、蛋、土司及甜點很豐富，還吃到飽，稍解我鄉愁和焦慮。因戰事爆發，住宿客人相繼急著返國，一位韓國年輕男生，機票被取消，改定隔天機票，居然漲價 500 美金，真不可思議。有位德國女生趕著回國，也是叫共乘計程車來接她，另一位日本人也改機票

轉歐洲回家，有幾位大陸人乾脆直接到機場，看有無班機飛中國，結果枯等到翌日才搭上飛機。

原訂 Abraham Tour 通知，約旦佩特拉和巴勒斯坦伯利恆行程取消，雖失望，但安全第一，我續住該旅館 2 晚。

等待中只能自己想辦法度過，在商店加值以色列 Pass 50 Shekels 後，看到路上公車、電車行駛，我直接來體驗電車(輕軌)。網站顯示猶太人大屠殺紀念館開放，就由旅館附近的 Ha-Davidka 站，坐到最後一站（Mount Herzl），下車走了 15 分鐘，結果門口警衛說因戰爭關閉，我只好在門外拍照留念。

◀ 耶路撒冷電車

● 馬哈尼耶胡達市場（Mahane Yehudah Market）

逛逛旅館附近傳統市場，有魚肉、蔬果、核果、衣服、用品及麵包等等，很多店家因戰事關門，民眾買完儘量早回家！看到沙威瑪店，我看了價目表，終於釋懷在舊城區吃的天價餐，

▲ 馬哈尼耶市場

雖貴些，但沒有被詐騙，看到雞肉是標價至少 60Shekels（約 510 台幣），可見肉類在此地超貴。在街上咖啡店吃中餐，都是素食漢堡或麵包，我點了蛋蔬漢堡和卡布奇諾，以幣已用完，只好刷卡（約 350 台幣）。

第 7 天：感慨回台飛機沒著落

　　一早外館再連絡國內旅行社，仍沒回應，捱到下午終於回應我，原訂 10 月 16 日由台拉維夫返台的飛機已停飛，我表達希望改為週五 10 月 13 日儘速回台，結果回覆已沒機票，只能改由「約旦安曼」飛杜拜，再轉機回台灣，僅可免費改票一次，要我自己處理從「台拉維夫到安曼」的機票，此時我只能等待嘆氣。

　　不願待在旅館內枯等，看網路顯示聖經博物館有開放，就直接出門，沿路人和車罕見，走了約 40 分鐘，到達後很失望

大門深鎖。該館雖關門，但員工照常上班，有一女員工出門，我請她幫我拍照，大門留影以茲證明到此一遊。返程坐公車回旅館，車上也只有另一位乘客，使用交通卡，扣了 5.5 Shekels（約 45.8 台幣），90 分鐘內搭乘公車或輕軌電車不用扣錢。

●**TVBS News 新聞台初次採訪戰時生活—在耶路撒冷青年旅館受訪**

第 1 次（10 月 11 日）接受 TVBS News 周祐瑄記者視訊採訪，在耶路撒冷戰況及民眾的生活，我提供照片及影片（舊城區大衛塔及馬哈尼耶胡達市場），電視台及 Youtube 隔天播出。

第 8 天：耶路撒冷最後的巡禮

網路訂了 10 月 15 日約旦皇家航空由台拉維夫飛約旦安曼班機，然後聯絡第 3 位 Servas Host Ishai，他住在另一城市蕭哈姆（Shoham），是原本 10 月 7 日要來耶路撒冷接我去他家，也是 2017 年以色列原安排接待我的住宿家庭，他願意接待我，但無法開車來耶路撒冷接我，需要自己坐火車去台拉維夫機場，他再來機場接我。

隔天（10 月 12 日）將離開停留 8 天的耶路撒冷，第一次感受到烽火中前所未有的焦慮，儘管如此仍想在這個紛擾千年的聖地做最後的巡禮。約好香港新朋友走路到音樂博物館，門已關閉，再走到市政廳，還有人洽公，接著我們坐上電車經過舊城區大馬士革門，再往住宅區，下車處是一座小公園，即終

▲ 耶路撒冷軍人

▲ 騎馬警察

點站 Hail HA-Avir。信步半小時後，我們坐回接近青年旅館的 Ha-Davidka 站。整個耶路撒冷沿路街上、電車、巴士上，警察及軍人明顯散落在各處，再見宗教聖地！

第 9 天：再續六年未見的前緣～入住蕭哈姆住宿家庭

●TVBS News 新聞台再次採訪旅遊觀光─在青年旅館受訪

第 2 次周祐瑄記者再次視訊採訪語芳以色列戰地行，離開耶路撒冷的前一天，約旦佩特拉及巴勒斯坦旅行團行程都被取消情形，我提供照片及影片（耶路撒冷街道市區民眾和軍人的活動）。當日電視台及 Youtube 播出。

一早 11 時辦理青年旅館退房（Check out），坐電車到中央車站（Central Station），轉火車到台拉維夫機場。在火車站建築上方，我遠遠拍攝火車站前的 1 位軍人，接著下樓行李檢查，被該名軍人攔住要看我手機，我以為他要我刪除照片，當時很緊張，結果放行（後來才知，不能近距離或特寫拍攝軍

▲HOST 全家

▲HOST 家的中餐

人，可以遠距離照相）。隨後使用 Israel Pass，坐上火車，20 分鐘到達機場，看見很多人等機，我不是去坐飛機，而是 Servas Host Ishai 家近機場，要來接我。

終於再續 2017 年六年未能見面的前緣，妻子 Hanita、兒女、女婿及孫子（女）都在家歡迎我，女主人準備豐富中餐（鮪魚、沙拉、蛋、麵包等）迎接，感謝全家接待！

傍晚約旦皇家航空通知我，取消 10 月 15 日台拉維夫飛約旦的班機，我改了 10 月 16 日，也停飛，此時我很沮喪，不知如何處理？

外館江秘書一直和我有聯絡，也成立 Line 群組，外交人員一直協助外僑及學生和旅客解決回台問題，提及有飛希臘雅典或義大利羅馬機票，但須自行安排旅館和飛機回台，這 2 個國家我雖曾去過，但要自行安排後續，我認為不可行。

隨後得知 10 月 17 日有專車從台拉維夫走陸路邊境到約旦安曼，我答應搭乘，由另一位林秘書協助。外館人員的辛苦安排，還要天天躲警報，真是盡職。

第 10 天：學希伯來語

● TVBS News 新聞台三度採訪以巴人民在台拉維夫機場共乘計程車─在蕭哈姆 (Shoham)Host 家受訪

第 3 次由洪浚緯記者採訪，語芳剛飛到台拉維夫時，在機場搭共乘計程車去耶路撒冷，先遇見 1 位巴基斯坦人，以巴人民乘車互動良好，我提供共乘計程車照片。電視台及 Youtube 當日播出。

1. 蕭哈姆（Shoham）森林公園

Shoham 的週末生活，男主人怕我太無聊，開車帶我去安全的 Shoham 森林公園，光禿禿很大一片，春天來時才有花草綠意，還看到古羅馬遺跡：教堂、馬賽克，遠眺對面就是台拉維夫，開車距離約 30 分鐘，Shoham 相對安全。

Host 的女兒女婿在台拉維夫工作，每天警報都響起，有時一天多次要去地下室或防空洞藏躲（外館人員也這樣說），所以帶 2 個孩子回來避難。

女主人 Hanita 是小學老師退休，她負責教導 7 歲外孫女寫功課，我也請她教我簡單的希伯來語，真的很難學，只好用注音或英文字來加強記憶。

我送給住宿家庭的禮物，除了台灣形狀景點的冰箱貼和龍潭腰果杏仁酥糖外，徐先生有和 Host 視訊，並由我轉贈他親寫的春聯，女主人好珍惜，還護貝保存起來！

女主人說她愛護動物，10 年前開始吃全素，平日她要準備素食，又要煮一大家人葷菜，烘焙的蘋果蛋糕真好吃！晚餐由我來炒新竹米粉，比較麻煩的是女主人吃素，要先將各種配料分開翻炒，先炒蔬菜素米粉，盛出一大碗，再將原已炒的蛋及蝦、雞肉混入米粉翻炒，我得到的回應當然是～ So delicious（美味可口）。男主人說有機會要去超市買米粉（Rice Noodle）學著做，他是全程觀看並當我助手，問我明天可否再煮另一道菜？

第 11 天：突來的死海一日遊

民眾還是要生活和工作，Host Ishai 是會計經理，原工作地點是加薩，因戰事，公司遷移到死海，他要至死海開會，開車順便帶我去死海旅行。沿路經約旦沙漠，WIFI 突然不通，（因

▶ 死海

我買的中華電信漫遊，當初有告知約旦和巴勒斯坦不能通訊），死海對面是約旦，車行 2 時 30 分到達，路途遙遠，若由耶路撒冷出發是 1 時 30 分，當初我有考慮死海一日遊，因戰爭打亂一切行程，很幸運有突然來的死海一日遊。

● 死海（Dead Sea）

在死海最南端，旁邊旅館林立，以色列唯一的公共死海海灘是英波格（Ein Bokek），藍天搭上碧綠清澈的海水很美，戰事一來，沙灘遊客寥寥無幾。

不會游泳的我初體驗自然漂浮的感覺，還是很害怕，踩在腳底的都是白色顆粒狀的鹽晶，初嚐死海的鹹味，真是太鹹了！我背部上有一小抓傷口，鹹水進入，就有痛感，不敢游泳太遠太久，而且要保護眼睛，避免鹹水進入或揉眼睛！

死海（Dead Sea），位於以色列、約旦和巴勒斯坦交界，水源為約旦河。是世界上地勢最低的湖泊，湖面海拔負數（-420 公尺），死海的湖岸是地球上已露出陸地的最低點，面積約 810 平方公里。湖水鹽度極高，且越到湖底越高，最深處

▼ 死海英波格海灘

有湖水已經化石化。一般海水含鹽量為 3.5%，而死海的含鹽量在 23% 至 30% 左右。也因鹽水密度高，任何人皆能輕易地漂浮在死海水面，死海是內流湖，水的唯一外流途徑就是「蒸發」作用，而約旦河是唯一注入死海的河流，因此約旦河河水流入水量與蒸發水量決定死海的水位。近

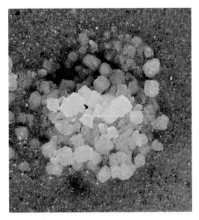

▲ 死海鹽晶

年來因約旦和以色列向約旦河取水供應灌溉及生活用途，死海水位受到嚴重的威脅，水面已經每年減少 1 公尺。

　　我漂浮後，在附近逛逛商店，經店員強力推銷，我也心動買些肥皂及身體保養品。死海之所以叫「死海」是因為它的高鹽度使魚類無法生存於水中，但有細菌及浮游生物，而在希伯來語中稱死海為「鹽海」。因為鹽度高，所以富含大量的鎂、鈉、鉀、鈣鹽等礦物質，常被製作為美妝聖品。

第 12 天：秀廚藝台灣炒飯

　　10 月 13、15 及 16 日飛機皆已被取消，Host 繼續收留我，共 5 天 4 夜，我盡量留家中不外出，有充份時間可秀廚藝，晚餐我煮了蝦仁雞肉炒飯及蔬菜炒飯，一葷一素，這次是女主人當助手，感謝他們熱情接待，還帶我去安全的景點走走。他們的女

兒及女婿昨天已經回台拉維夫工作，雖然有戰事，老百姓還是要工作和生活，孫女續留 1 天，今早女主人送孫女回台拉維夫家，結果警報響起，她只好趕快返回。她感嘆道，他們和巴勒斯坦朋友時有來往，以巴開戰，被迫斷音訊，面對無力改變的無奈，頻頻搖頭！

▲ 台灣炒飯

　　以巴戰爭，青壯年被徵召，因此我特別請教 Host Ishai，以色列實行徵兵制，他說大多數以色列人（無論男女）都在 18 歲時徵召入伍，男性的義務役役期是 3 年，女性 2 年，退伍後以色列男子轉為後備役，每年從事 18-28 天的訓練，直到 40 歲為止。他的兒女都有當兵，這次戰事海外青壯年都主動返鄉，他兒子說有軍方來電詢問，是否願意加入軍事行動，因他兒子已 41 歲，而且還有 1 位 5 歲孩子，就沒被強迫徵召。

1. 以色列和巴勒斯坦衝突的對立歷史

　　巴勒斯坦的領土包括約旦河西岸和加薩走廊，這兩塊阿拉伯人聚居地所組成，是一個主權爭端地區及有限承認國家，以色列、加薩走廊與巴勒斯坦都位處中東地區，鄰近地中海，並與歐亞非三洲相鄰。至於加薩走廊，並不是一條「走廊」，而是位於以色列、埃及與地中海之間，一塊長寬分別為 41 公里

與 10 公里的小面積狹長地區。

以巴衝突從 1918 年起，一戰結束後，戰敗國退出巴勒斯坦，由英國託管，當時居住著少數猶太人和多數的阿拉伯人。

1933 年起，德國執政希特勒屠殺猶太人後，使得更多猶太人想要返回祖先起源的土地巴勒斯坦。

1947 年，聯合國投票贊成將巴勒斯坦分裂成獨立的猶太人和阿拉伯人國家，阿拉伯人不同意，1948 年 5 月，以色列宣布建國，巴勒斯坦人心生不滿，發動第 1 次中東戰爭而戰敗，導致許多巴勒斯坦人逃離或被驅離巴勒斯坦地區。後續以色列以精良的武器強勢擴大版圖，遠超越先前聯合國劃分的範圍。

自此兩國紛爭不斷，2023 年 10 月 7 日適逢猶太教節日「西赫托拉節」（Simchat Torah），本該是猶太曆中最歡樂的日子之一，清晨卻有數千枚火箭彈如雨點般落下，武裝份子從海陸空滲透。據哈瑪斯官員說法，發動攻擊的原因涉及以巴長期緊張的根源，包括圍繞「阿克薩清真寺」（Al-Aqsa Mosque）的爭端，猶太人尊稱其為「聖殿山」（Temple Mount），對穆斯林和猶太人都是崇高的聖地，至今仍是雙方衝突的情感核心。近日國安部長班‧格維及以色列宗教民族主義者近年訪問該場所的頻率提升。猶太教節日「住棚節」（Sukkot）期間，就有數百名極端正統派的猶太人及以色列運動人士前往，引發哈瑪斯譴責，猶太人在此祈禱違反維持現狀的協議。

10 月 7 日（第 4 次以阿戰爭 50 周年紀念日）凌晨加薩走廊哈瑪斯武裝組織在南部城鎮奧法基姆（Ofakim）劫持了以色

列平民及將軍士兵，人質約 240 名，發射 5,000 多發火箭攻擊以色列台拉維夫等城市，以色列也轟炸回擊加薩，以巴戰爭開始。以色列發現加薩走廊有 1,300 條地道，綿延 500 公里，哈瑪斯的武器可能是其他阿拉伯國家供應，目前雖經協調，有幾次暫時休戰停火及釋放人質。但以色列持續轟炸進攻，加薩人民由北部逃到中部，甚至南部，無處可逃，七個多月來巴國人民死亡 3 萬多人以上，傷者超過 7 萬人不計其數。各國紛紛譴責以色列傷及無辜百姓，周邊阿拉伯國家黎巴嫩及伊朗等也陸續發動攻擊以色列，聯合國續調停無效，全球反以色列、反猶太遊行，示威四起，戰爭仍持續進行！

2. 行旅情報

• 航班路線：瑞安航空：奧地利維也納→以色列台拉維夫
• 簽證：以色列免簽證，入境停留 90 天。巴勒斯坦是「約旦河西岸」和「加薩走廊」地區，邊界管控都是由以色列國防軍設立之邊界哨所管理，前往巴勒斯坦地區，需先入境以色列，再持護照及以國機場之入境卡，可自由出入「西岸」地區，「加薩」地區則無法隨意進出，需先向以國軍方提出申請獲得許可。
• 時差：以色列比台灣慢 5 小時（-5）
• 匯率：以色列幣：新台幣 =1：8.5 * 以當時匯率換算 *
• 住宿：Host Family、Abraham Hotel（青年旅館因以巴戰爭，現已是巴勒斯坦難民收容所）
• 大衛塔博物館網址：tod.org.il

第 13 天：由台拉維夫外館陸路專車接送到約旦安曼

　　10 月 17 日 Host 開車送我至駐台拉維夫經濟暨文化辦事處，因外交人員說該地經常在躲警報，有時一天躲好幾次，當時我很擔心在路程中，遭遇火箭攻擊，一路專車有林秘書陪同，徐秘書開車，同車還有一位讀生物科學的博士生，我們由台拉維夫，經耶路撒冷，平安到達以色列 Allenby 關口，約 1 小時。

　　關口好多車輛大排長龍，官員檢查車輛、護照，我們下車繳出關費 56 美金，大約花 40 分鐘，接著車行 15 分鐘到達約旦海關，人車、行李、護照、約旦簽證檢查約 30 分鐘後放行（我在台灣有先辦好約旦電子簽證，40 JOD）。隨後約旦安曼的外館人員來接我們，大家合照紀念，二位秘書任務完成返回以色列。

▲ 在以約邊境，與台灣外交官合影

我在約旦要停留 4 天，外館人員送我去舊城區的旅館，沒想到我訂的旅館關門，我焦急萬分，還好外館雇員司機是當地人，經他阿拉伯語溝通，改去鄰近旅館，我終於安心入住旅館，感謝以色列及約旦辦事處外交人員的協助，我順利平安到約旦安曼（Amman, Jordan）。

約旦哈希米王國，通稱約旦（Jordan），於二戰後，脫離英國託管，並於 1946 年獨立，為君主立憲國家，土地面積 89,340 平方公里，人口約 1,129 萬人，主要為阿拉伯裔，於 1994 年與以色列達成和平協議，對中東地區和平與穩定，意義重大。

安曼（Amman）是約旦的首都和最大城市，也是該國的經濟、政治和文化中心，人口約 4 萬，城市位於該國北部，西側是阿吉倫山地。

● 安曼羅馬劇場（Roman Theatre）

安心入住後，首站參觀旅館對面的羅馬劇場（Roman Theatre），不收門票，很像希臘雅典和義大利羅馬劇場，安曼的露天羅馬劇場可容納 6,000 人，始建於西元 2 世紀，現在看到的羅馬劇場是 1957 年後重修而成。

▼ 安曼羅馬劇場

劇場旁還有民間傳統博物館，展示約旦傳統服飾和工藝，該劇場既是安曼的主要旅遊景點，也是舉辦文化、藝術等活動的重要場所。

● Servas Jordan Day Host 有緣初見面

晚上去新城，Day Host Zafira 邀請我去她家吃晚餐，我坐計程車，約 15 分鐘（車資 2 JOD，約台幣 88 元），她是素食者，招待素食豐富晚餐（蕃茄香菇盅、沙拉及甜點等），晚餐後帶我去新城走走，參觀最新穎的購物中心（Mall）。

▲DAY HOST

▲DAY HOST 家的素食晚餐

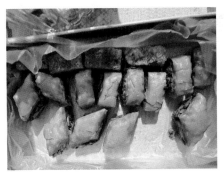

▲DAY HOST 家的晚餐甜點

▲ 青年旅館員工

Zafira 是巴勒斯坦人,出生在耶路撒冷,從小在約旦長大,目前單身,是健康訓練老師,教導健康生活及飲食,我們都祝福以巴戰爭盡快平息,能和平收場。本來只預訂了從以色列到佩特拉古城 2 日遊,沒有計畫來約旦安曼,臨時來到安曼,聯絡 Servas Zafira,她很高興接待第 1 位台灣人,也是突來的緣分。她說這幾年有 3 組 7 位台灣人要求來見面,她也同意並準備接待,不預期都取消,讓她不太舒服。我個人作風是聯絡要見面,一定會信守承諾,除非是意外或生病,這是有關外國人對台灣印象很重要的事。當然身為 Servas Taiwan 幹部,我回台一定會提醒會員注意。

第 14 天:終於如願來到世界新七大奇景佩特拉古城

意外地來到約旦,剛好能完成我的旅行計畫,第 2 天從安曼坐車來回佩特拉古城(約 6 小時),當時恰好沒有當地團,只好約司機專車送我,車資 105 JOD(約 4,620 台幣),現場買門票 50 JOD(約 2,220 台幣),終於看到巨大岩石建造的玫瑰城市佩特拉,令人驚豔,我完成環遊世界參觀世界新七大奇景(New Seven Wonders of the World-Petra),最後一站的願望,此生了無遺憾了!

約旦規定只要住 3 晚,不須簽證,只需買 Jordan Pass(70JOD),包含很多景點門票。本來我沒有計畫會在約旦停留 4 天 3 夜,僅辦理電子簽證(E-VISA),花費 40 JOD,現

約旦

▲ 佩特拉古城

在還要買門票 50 JOD，共 90 JOD，平白浪費 20 JOD。所以
人算不如天算，計畫趕不上變化。

● 佩特拉（Petra）古城

　　埃及托勒密王朝時期，於西元前 2 世紀建造的一座古城，
1985 年佩特拉列入聯合國教科文組織的世界遺產。古城位於
安曼南 250 公里處，隱藏在阿拉伯谷東側的一條狹窄的峽谷內。
沿路有不少駱駝和遊園車送到定點，我沒心動，我選擇先騎馬

10 分鐘到入口處，來回走了 3 小時，走到腳酸，沿路探訪千年古蹟，靜靜享受綿延的赤褐色砂岩巨石的玫瑰城市，古城中心「卡茲尼神殿」，令人讚嘆，這趟算是坐車最遠的旅行。

佩特拉一詞源於希臘文「岩石」(Petrus)。佩特拉建於西元前 2-3 世紀，佩特拉因其赤褐色砂岩高山的色彩聞名。岩石呈褐色、紅色、淡藍、橘紅、黃色、紫色和綠色等，各種不同顏色岩石的扭曲岩層形成了岩石表面的螺旋形和波浪形的顏色曲線。古城核心是一個大廣場，廣場正面是鑿在陡岩上的宏偉的

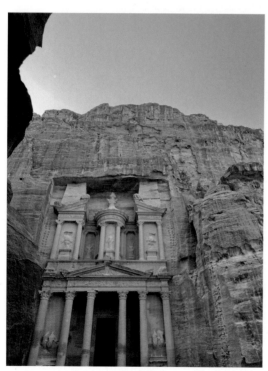

▲ 卡茲尼神殿

▲ 語芳在佩特拉騎馬

▲ 佩特拉駱駝　　　▼ 羅馬劇場

粉紅色「卡茲尼神殿」，該神殿由納巴泰王國在一整塊砂岩中雕刻而成，已有兩千年歷史。入口有幾條羅馬圓柱支撐，殿內有聖母像和壁畫。城中還有許多寺院、住宅、浴室、墓窟等，大多鑿山而建。另有一座能容納兩千多人的羅馬式的露天劇場，舞台和觀眾席都是從岩石中雕鑿出來。佩特拉古城幾乎全在岩石上雕刻而成，周圍懸崖絕壁環繞，入口是一條長約 1.5 公里的狹窄峽谷通道，名為「蛇道」。峽谷最寬處約 7 公尺，最窄處僅 2 公尺佩特拉現有 300 多名居民，一部分仍然住在洞窟裡。

1989 年電影《聖戰奇兵》中印第安那‧瓊斯探險而聲名遠播。2009 年電影《變形金剛：復仇之戰》的 6 位至尊金剛的墓地在此地。

第 15 天：約旦安曼也不安全！

●約旦博物館（The Jordan Museum）在安曼

白天安曼很安全，走路約 30 分鐘到約旦博物館，位於安曼市中心附近拉斯艾因區，建於 2014 年，是約旦最大的博物館，佔地面積 1 萬多平方公尺。我誤走到後門，警衛居然幫我開門，指引我去正門買票（5JOD，約 220 台幣），主要收藏該國最重要的考古發現。兩個主要永久性的展覽是死海古卷（包括銅卷）和擁有 9 千年歷史的安加扎勒雕像，此雕像是有史以來最古老的人類雕像之一。

▲ 清真寺

　　入口展示的支石墓，博物館的藏品則依照年代順序排列，並設有演講廳、戶外展覽、圖書館、保護中心和兒童活動空間。該博物館是由拉尼婭王后領導的委員會建立，成為約旦唯一採用現代文物保護技術的博物館。我參觀時，現場有 1001 年特展，動畫影片很生動，很吸引人。

●安曼古萊什街店（Quraysh Street）及傳統市場

　　沿路逛街喝了石榴汁（1JOD，約 44 元台幣）及甘蔗汁（0.5JOD），轉進傳統市場，販賣豐富的蔬果、堅果，經過清真寺（Grand Hussei Mosque），回到旅館。我每天都聽到清真寺宣禮塔（又稱喚拜塔）的喚拜聲，提醒穆斯林放下手邊的

▲ 什來街

▲ 什來街傳統市場

工作準備朝拜，1 天 5 次，一早擾我清夢的喚拜聲，提醒我早起的鳥兒有蟲吃。

　　晚上突然在旅館前路上，出現很多人潮，邊走邊喧鬧叫囂，是約旦安曼的巴勒斯坦穆斯林，正前往集會遊行，抗議以色列轟炸加薩走廊的醫院，讓多數病人及醫療人員死亡，傷及無辜的百姓，國家應該支持巴勒斯坦，讓以色列停火。

▼ 巴勒斯坦人集會遊行

第 16 天：終於可以飛回台灣，為壯遊畫下句點！

10 月 20 日（週五）是穆斯林主麻日，中午後，安曼將有大規模遊行示威，舊城區會封街，我的班機是晚上 6 時飛杜拜，但旅館員工和外館人員都希望我早點到機場，以免行程受阻。吃完早餐 9 時，坐上計程車到安曼機場（車資 25JOD），為壯遊畫下句點！

據悉旅館員工及計程車司機都是巴勒斯坦人，若沒有正在工作，也要去集合示威，約旦人有四分之一（約 200 多萬）人口是巴勒斯坦人，覺得以色列轟炸加薩醫院，很不道德，多年來以巴衝突，大部分人都移民或逃難到其他國家生活工作。

旅館員工 J 說：「以色列轟炸醫院很殘忍」，我說：「美國和台灣新聞報導應該是加薩哈瑪斯誤射醫院」，他馬上給我看 Facebook 的 Royal News 新聞，我問他：「你討厭美國人和以色列人？」他說：「旅客都很好，是高層管理者不好，不該傷及無辜百姓。」。

在機場時和一位巴勒斯坦女性旅客聊天，她是住在接近加薩的城市，每天躲警報，這次是在安曼工作的兒子說太危險，她就由陸路到安曼，再轉機到阿拉伯聯合大公國，她曾在杜拜教英文，退休後才回以色列。

- **TVBS New 新聞台四度採訪外館協助專車至安曼**
  ─在約旦安曼機場等機受訪

第 4 次由粘宸瑄記者採訪，語芳在外館人員協助下，由台

拉維夫搭專車到安曼，我提供安曼機場錄影片（機場入關前現況）。電視台及 Youtube 當日播出。

三位記者四次採訪，我提供以巴及約旦正確資訊，宛如特派員。我在安曼搭機回台同時 TVBS 戰地記者也到了安曼，在遊行現場報導，又由陸路轉到台拉維夫，現場看到火箭發射情形，外館人員及記者都非常艱辛，戰火無情，大家都要注意安全！

以巴約歷險尾聲

1. 在杜拜機場轉角遇見女兒

由安曼飛行 3 小時 30 分終於到杜拜，要耐心等機 8 小時，等待到隔日凌晨 5 時 30 分轉機回台灣。女兒 10 月 14 日出差至英國伯明罕，她的公司電子產品參展，回程也在杜拜機場轉機，我輾轉改換機票多次，10 月 21 日凌晨在杜拜機場巧遇女兒也在此轉機，真是天意，一個月未見，喜上眉梢，彼此擁抱，母女相見歡！

▶ 杜拜機場巧遇女兒

親朋好友與粉絲每天看電視播報以巴報導戰況，有些朋友在 TVBS 新聞電視台或 Youtube 報導，看到語芳受訪，很擔心我的安危，在 Line 或 Facebook 囑咐我早點回家，感謝大家的關心和祝福。

10 年的環遊世界曾遇到扒手、迷路、被丟包、坑人、大風雪飛機迫降及身上沒錢的窘境等等突發事件，這是初次遇到戰爭！

我曾說自助旅行英文能力不重要，只要有基本程度即可，最重要的是要有「勇氣和行動力」，這次巧遇戰事，剛開始前 3 天很害怕，加上班機多次被取消，很焦慮，但最後能沉著的處理住宿和機票問題並尋找外館協助，終於完成壯遊，安全回家。先前多次壯遊經驗，培養我面對任何困境，能冷靜應對的能力，遭遇棘手事情，自己要先自助，貴人就會出現，就是人助，最後上天就會幫助你，天助也！

這次以巴戰事讓我清楚了解遇到國際突發重大事件，資訊不明，有時新聞報導會失準，讓人恐懼害怕，只有當地人及現場旅客才知道何處安全或危險，所以 TVBS News 新聞 4 度採訪我，我也據實說明所見所聞，並提供照片和影片佐證，呈現真實的新聞。就如同這次遇到的某些外國人，聽我說來自台灣，據新聞報導，總認為台海很危險，有時收到的訊息會失真，戰爭是殘酷的，一定會有死傷，所以我這次壯遊，在困難的情況下，我還是儘量完成我原先的旅行計畫，同時也是在做促進世界和平的事！

2. 行旅情報

　　世界七大奇蹟，又稱世界七大遺蹟、世界七大奇觀、世界七大奇景。瑞士文物保護組織「新七大奇景協會」公布「世界新七大奇景」，2007 年在一億多人次投票下，最後由中國萬里長城、印度泰姬瑪哈陵、約旦佩特拉古城、巴西基督像、祕魯印加文化遺址馬丘比丘、墨西哥馬雅遺跡奇琴伊察金字塔、義大利羅馬競技場出線。

　　語芳依據旅行願望「世界新七大奇景」（New Seven Wonders of the World-Petra），從 2009 年「中國萬里長城」、2014 年「祕魯馬丘比丘、巴西基督像」、2015 年「義大利羅馬競技場」、2016 年「墨西哥奇琴伊察金字塔、印度泰姬瑪哈陵」，走到 2023 年最後一個奇景「佩特拉古城」，是毅力，也是奇蹟 !

* 航班路線：阿聯酋航空：約旦安曼→阿拉伯聯合大公國杜拜→台灣桃園
* 簽證：3 個月內單次辦理電子簽證，入境停留 30 天
* 時差：約旦比台灣慢 5 小時（-5）
* 匯率：約旦幣（JOD）：新台幣 =1：44* 依當時匯率換算 *
* 住宿：推薦 Boutique Hotel 作為住宿選擇
* 佩特拉古城網址：petrapass.pdtra.gov.jo

第4篇

亞洲懷舊之旅

亞洲懷舊之旅

一、韓國首爾滑雪愛寶六日之旅

　　大韓民國，亦稱南韓（Korea），是位於東亞朝鮮半島南部的共和制國家，韓國國土三面環海，西南瀕臨西海（黃海），東南緊接大韓海峽（朝鮮海峽），東邊是東海（日本海），北面隔著三八線（南北韓非軍事區），與朝鮮民主主義人民共和國相鄰，總面積 100,000 平方公里（約佔朝鮮半島總面積45%），人口約 5 千萬。首都為首爾，人口達 991 萬，不僅位居韓國第一，亦名列世界第 5 大都會區。

　　猶記得 2008 年和先生跟團旅行到首爾、濟州島四日遊，我在遊覽車上自我介紹結婚 24 年後，夫妻才有機會一起跟團旅行，因結婚多年忙於工作，養孩子及買房，沒有閒錢可以全家去旅行，因此先生是經常利用去國外出差時，順便旅行，我則是在工作壓力太大時，才隨機跟團旅行，這是初次夫妻共遊，領隊聽後，馬上幫我們的住宿升等為蜜月套房，讓我們驚喜萬分！

1. 跟團實習外語領隊

　　2021 年去台東 Long Stay 2 個月，學習導覽，並於 2022 年考上國外英語領隊，完成受訓課程，2022 年 12 月聖誕節前，暢遊旅行社規劃新領隊至南韓實習 6 日行程，由何錦珠資深領隊帶領，實習內容包含發放顧客資料（入境卡、物品申報單）、收取護照、確認每人的 K-ETA（類似美國的 ESTA、加拿大的 ETA）、Q-Code、辦登機證、託運行李、入境金浦機場、掃描 Q-Code、過海關（入境卡 + 護照，按食指紋及照相）、拿取行李和當地導遊會面、搭乘遊覽車、吃中（晚）餐、入住旅館、領隊查房及上車點名等。

　　我早年跟團和此次實習接受的訊息類似，只是從顧客角色變成領隊，跟團和帶團大不同，細節很多，值得學習！這次實習團有允許少數幾位家屬跟團，很幸運我的先生也報名參加，再度同遊韓國。

　　韓國冬天寒冷，約攝氏負 6-10 度，在飛機飛往金浦機場上空就見到很多殘雪，下飛機後第一頓餐是人蔘糯米雞，寒冷的天氣，溫暖了我們的胃！

▶ 實習領隊

2. 採擷漢江風光

景福宮（Geekbokgung Palace）：是朝鮮王朝於 1395 年時所建的一座王宮，位於首爾市。該王宮是朝鮮五大宮殿中規模最大，作為過去朝鮮王室的居所而使用。我們穿著租用的韓服，免費遊走在景福宮，彷彿回到朝鮮時代。

星空圖書館（Starfield Library）：位於首爾 Coex Mall 百貨公司內，有聖誕電子看板和攤車聖誕布置，最夯圖書館充滿文藝氣息，中庭布置了金黃色聖誕樹，獨特的建築風格，建材以木材為主，也有很多閱讀的座位，三座兩層樓高的書櫃、寬敞的空間都真得很吸睛，共有超過 5 萬本藏書，還有電子書，可惜全部都是韓文，沒有英文書和中文書。

▲ 景福宮

∧➤ 星空圖書館

▲ 首爾塔看夜景　▼ 首爾塔

首爾塔（N Seoul Tower）：南山首爾塔（現名：N首爾塔），傍晚時，導遊帶大家搭乘公車到南山公園山下，走一小段山坡，到廣場，再登上觀景台，可飽覽首爾市景，到了晚上看夜景，觀賞燈海。

明洞商圈（Myeong-Dong Shopping Area）：對於熱愛逛街的人來說，絕對是來首爾自由行必去的逛街商圈，非常類似臺北西門町，服飾、彩妝、保養品、飾品更加齊全，當然少不了夜市小吃與韓國美食餐廳，來韓國我們有體驗汗蒸

幕，塗鴉秀也很精彩，都在明洞附近欣賞。此地也布置了聖誕樹，街景大樓也有快速變換的聖誕電子牆。

汗蒸幕（Han Jeung Mak）：是指將身體放在熱水裡面，透過流汗讓毒素排出，繼而達到治病效果。大眾浴池可以和汗蒸熱療室相結合設施。將黃土、優質木炭、鹽等製成熱療汗蒸室加熱至攝氏 40-80 度，入房等身體流汗，加速血液循環，排出毒素，可以紓解疲勞，甚至令皮膚變光潤。本次團費包含汗蒸幕，但有一半以上人不願赤身參加汗蒸幕，導遊帶男生，領隊帶女生入場，其他人安排去逛東大門。

塗鴉秀（Painters）：利用 3D 立體投影技術呈現畫作，給你驚奇的視覺饗宴，無論是速寫、油畫、沙畫還是光雕、炫色、夜光畫都能看到，表演過程中跨越語言的隔閡，透過生動的表演，即使不懂韓文也能融入歡樂的塗鴉秀。本團有女團員美女被請上台，當模特兒，共玩塗鴉秀，真是精采萬分！

▲ 小法國村

　　小法國村（Petite France）：我喜歡追韓劇，旅行社安排參觀韓劇拍攝地點，正合我意，小法國村，位於京畿道的加平郡，起源於主人家遊歷多年對歐洲建築文化的熱愛，以完整複製歐洲小鎮風情為賣點，韓國唯一以法國為主題的公園，看到巴黎鐵塔，五彩繽紛的小屋，加上多部人氣韓劇與綜藝節目相繼前往取景而爆紅，村落以著名小說《小王子》（Le Petit Prince）

為主軸向外延伸，除了可以看到不少原著小說內的名場景，我看過的韓劇「來自星星的你」在此外景拍攝。冬天處處是雪景，在台灣不常見到下雪，團員們見到雪就很瘋狂。

　　南怡島（Nami Island）： 位於江原道，在北漢江的一個小島，佔地 46 萬平方公尺，這裡擁有大片生態林、寬闊的草坪。搭乘渡輪到「南怡島」，是拍攝「冬季戀歌」外景，讓我回憶一下劇情，一般我看韓劇比較重視劇情和演員演技，看太多劇，有時還忘了劇名和演員名字，但還是很開心追星追到拍攝地點。除了楓葉，南怡島的銀杏樹及水杉林算是具有代表性。

▲ 南怡島

愛寶樂園（EverLand）：位於京畿道龍仁市的愛寶樂園，四季都展開多彩多姿的慶典活動，愛寶樂園主要由環球市集、美洲探險、魔術天地、歐洲探險及野生動物園共 5 種主題園區所組成，園內共有 40 多種最新遊樂器材。韓國處處有濃厚的聖誕氣氛，聖誕佈置很有看頭，其中有著全球最高坡度的木製雲霄飛車「T EXPRESS」是韓國首創的木造過山車，最高的雲霄飛車，更是許多喜好刺激爭相搭乘的遊樂設施，可惜冬天下雪很多好玩設備都關閉。

ˇ▶ 愛寶樂園

我們夫婦只坐了可愛的湯瑪士小火車、軌道車，搭園車至野生動物園，只隔了一道車窗觀看到獅子、老虎、大棕熊等在園內活動，天寒地凍，最後只好躲到餐廳享受美食，夏天來一定比較好玩。

● 江村滑雪（Jiangcun Skiing）

　　伊利希安（Elysian）江村滑雪場，一直以來都是韓國京畿道的滑雪聖地，韓國導遊有十八般武藝，還能教滑雪，幫忙穿雪衣、雪鞋、戴雪帽（安全帽）及踩上雪撬就要花很多時間，從示範到個別教導，真辛苦！初學者只能在入口緩坡滑雪，大部份有經驗的人都坐纜車上山，由山上自由輕鬆滑下坡，真是羨慕！

　　我是初次滑雪，雪鞋很重，抬腳走路都很沉重，剛滑雪二步就四腳朝天，還好有戴安全帽，我真不是滑雪的料，體驗一下就好，萬一受傷划不來，滑雪還是要注意安全第一，別勉強為之！

▶ 江村滑雪

3. 韓國美食與購物

　　到韓國不可少的是品嚐當地美食，人蔘雞、烤五花肉、烤魷魚、辣炒年糕炒飯、馬鈴薯大骨湯、起司鍋、炸雞、雞肉麵、

▲ 韓國美食

雞蛋粥、五香豬腳及多種小菜。此外廣藏市場吃海鮮煎餅、綠豆煎餅和水餃刀削麵、整顆蛋的雞蛋糕，其中我最喜歡吃水梨和人蔘草莓，超甜的！

最無趣的是在入住的四星飯店，每天吃一樣的早餐，聽導遊說韓國早餐超簡單，就是麵包、牛奶，最多加個蛋，大家都在家中吃，很少有早餐店，導遊來過台灣，知道台灣早餐店林立！

我常在超市買韓國泡菜，在首爾親自體驗做泡菜，製作泡菜很容易，就是將醬料塗抹在每片白菜上，再捲起來，但做醬料超難，要數種配料如蕃茄、胡蘿蔔、蔥及洋蔥等，做好至少冷藏一週後才能吃，是很棒的廚藝體驗。

旅行社安排實習人蔘店、護肝店、美妝店、海苔店購物站。

▲ 體驗做泡菜

護肝店我沒有採購，因最不喜歡吃藥，所以外觀，類似藥的膠囊、錠狀、粉狀食品都不吃不買。海苔店有體驗做海苔捲，再採購，是很棒的行銷手法。

另有安排自由行吃喝及購物時間，在明洞、弘大商圈、廣藏市場及超市、便利商店，我吃了全蛋雞蛋糕、海鮮餅等小吃和買手套、圍巾和人蔘糖，有人買衣服、棉被等，雖是跟團，其實還是有安排自由逛街。

我已 3 年沒出國，難免血拼一下，大採購國寶頂級人蔘，覺得年齡大了需增強體力和免疫力，也買了韓國有名的化粧水、精華液及乳液等保養品，購物花費比團費還多好幾倍，算是另類收穫。

4. 韓國旅遊的感觸與想法

● 實習領隊檢討

韓國小新導遊幽默風趣，體貼服務，多項才藝（唱歌、變魔術、滑雪等），台灣何領隊經驗豐富，分配工作，行程中指正缺失，利用晚上時間開線上檢討會，二位對突發事件，應變能力強，值得學習。

每日都住同一家近捷運的四星級飯店，優點是在市中心，近地鐵，交通很方便，且不用拉行李。缺點是房間太小，早餐每天菜色少，沒有變化。

行程豐富，對年輕人來說很棒，但對年紀大或行動不便的顧客稍顯吃力。團費便宜，安排多站購物，對學習有很大幫助，

實際成團帶團時，仍需考慮顧客的立場。

回國時下大雪，德威航空（T-Way）飛機延遲1小時20分，這次行程我只重遊16年前韓國行時的景福宮。跟團實習和以往跟團不同，年輕人居多，學習旅途危機處理（遇車發不動，有人不參加汗蒸幕，飛機延誤），大家都有不同的收穫，行程安排豐富精彩，吃遍韓國料理。

● **未來領隊做法**

55歲退休前，我都是跟團旅遊，覺得行程太多走馬看花，回家觀賞照片，有時不太記得照片景點是哪裡？退休後，選擇自由行，時間景點彈性安排，但帶年長親友旅行會選擇跟團。我有跟團和自助旅行的經驗，所以帶團對我來說不難，日後有機會帶團，不會帶一般旅行社設計的大眾團，不會以帶旅行團為第三人生的新工作。語芳的旅行團仍以達成自己夢想中的國家為目標，有興趣願意探險的朋友，可以組成小團一起旅行，購物行程少些，多些文化交流及廚藝學習，當然是以「夢想行動派社團」社員為優先。

5. 行旅情報

2022年K-ETA申請費用是10,300韓幣，約台幣268元，期限2年。

2024年4月開始不需要免簽證的K-ETA，但須申請Q-Code入境韓國，就是需登錄檢疫情報系統（Q-Code），最好出國前72小時填寫，要填寫健康狀態問卷、護照資料、

在南韓停留期間住址等，完成線上登錄後系統將顯示 Q-Code，只要以手機出示該 Q-Code 截圖畫面給海關人員，或持憑紙本列印，就可以加快韓國入境檢疫程序。所有入境規定千變萬化，出國前要注意各國新規定。

- 航班路線：德威航空：台灣松山→韓國金浦→台灣松山
- 簽證：免簽證，K-ETA、Q Code（2024 年 4 月開始不須 K-ETA，但須申請 Q-code），入境停留 90 天
- 時差：韓國比台灣快 1 小時（+1）
- 匯率：韓幣：新台幣 =0.026：1 * 依當時匯率換算 *
- 住宿：推薦 Hotel Skypark Dongdaemun 1 作為住宿選擇
- 星空圖書館網址：m.starfield.co.kr
- 首爾塔網址：seoultower.co.kr

二、東方明珠香港與博奕天堂澳門

香港與澳門近代於 1841 年和 1887 年分別被英國和葡萄牙殖民，後分別於 1997 年及 1999 年先後移交中國，設立兩個特別行政區，兩地交流頻繁。

1. 舊地重遊念故情─香港、澳門

2023 年 11 月國醫校友世界大會在香港澳門舉行，由山富旅行社包辦六天五夜之旅，我本不想參加，看了行程表中有維多利亞港郵輪歡迎晚宴，回想到我第 1 次出國是 1988 年，產下第一胎兒子後，為犒賞自己，跟團和媽媽、鄰居朱媽媽共遊泰國香港 7 日遊，曾在「香港維多利亞港郵輪」吃飯、跳舞和看夜景，如今 2 位媽媽已在天上，很懷念她們，只能下輩子再同遊！

2017 年女兒在上海工作，考慮由上海直飛台灣，春節來回機票 2 萬 5 千元超貴，若搭澳門航空，轉機澳門回台，才 1 萬，回程可玩澳門，物超所值！農曆年初四我和女兒同遊澳門三天二夜自由行，這次母女快樂澳門遊，吃美食和小賭，而後各自回台或上海，是很超值的安排。

以上原因，讓我萌生去港澳自由行四天三夜，只參加大學「維多利亞港郵輪歡迎晚宴」，此行 1 人獨遊，懷舊二代母女共遊的時光。

搭乘香港航空至香港，再坐渡輪到澳門，由澳門搭乘台灣虎航回台灣，二者都是廉價航空（共 6,400 台幣），港航只允許 7 公斤手提行李，虎航是 10 公斤，帶護照和台胞證，就能輕便出發！

2. 港澳四天三夜自由行

桃園飛至香港 1 小時 30 分，下機後坐接駁列車到海關大

樓，才發現我的手機留在廁所內，好糊塗，當時已無法坐回頭車，在服務台打緊急電話求救，終於幸運拿回手機，對香港機場服務打 5 顆星。過海關人超多，還要填寫入境單，官員給 30 天停留香港的期限。

一到機場去購買「八達通」卡（類似台灣悠遊卡，可坐公車、地鐵、纜車、吃喝、買東西及門票），至少要付 200 元港幣（50 元訂金可退），機場不能刷卡，賣票機器只能用港幣現金，櫃台服務員告知這是香港，不用人民幣，只能用「現金港幣」買車票或車卡，我沒有帶港幣，只好用人民幣和台幣先換錢，現金帶很少，心想以後吃飯、購物要找可刷卡的地方。

Servas 香港（Hong Kong）Day Host & Coordinator Iris 見面會，她在「青衣站」接我到住處，我搭乘機場快線只坐一站，就到青衣，居然要 65 港幣（若買單程票是 70 元），太貴了。在 Iris 住家樓下美食店，我吃了當地奶茶和螺絲粉，坐下來聊

▲ 與 DAY HOST 聚會

▲ 香港美食

聊天，我們都是喜歡文化交流的人，她是工程師，有 3 位兒女，平日很忙碌，學生時代就加入 Servas，是熱忱的朋友，感謝指引我交通和景點。

3. 香港不可不看的美景

太平山（Victoria Peak）： 我上山坐巴士，下山坐纜車，體驗搭乘不同交通工具，沿路可觀賞不同景色。太平山通稱山頂（The Peak），位於香港島西部，高 552 公尺，為香港島最高峰。廣義上的山頂區是包括太平山的主峰、爐峰峽、歌賦山和奇力山等的山嶺地形，太平山一直都是香港的象徵及地標。

▲▼ 太平山纜車

二戰結束後，香港逐漸發展成為亞洲主要旅遊城市，太平山爐峰峽一帶因視野廣闊，能觀賞維多利亞港兩岸絕佳景色，結合山頂纜車（31HKD）和凌霄閣摩天台（優待票38HKD），太平山夜景更享譽全球，成為世界三大夜景之一。

　　維多利亞港：位於香港島與九龍半島之間的港口和海域，水面寬闊，景色迷人，日間藍天白雲碧水，小船和萬噸巨輪進出海港，到了夜晚更加燈火璀璨，締造「東方之珠」的壯麗夜景。

▼ 維多利亞港夜景

◀▲ 郵輪晚宴

　　國防醫學院校友們在總會長張嘉訓及港澳李明志會長主持下，展開序幕，坐上郵輪，參加校友世界大會歡迎晚宴，當地香港潭中英校友贈送了 3 隻烤乳豬慶祝，我們看夜景、吃自助美味大餐很開心，見到很多學姊長弟妹及同學，近 300 人參加，大伙唱歌、跳舞超熱鬧，我也和菊文學姊共舞，依稀有 30 幾年前與母親共遊維多利亞港的情景！校友們將前往澳門，參加世界大會，並至珠海旅行，相信大家一定玩得開心，吃得豐盛，感情更團結。我則繼續在香港和澳門遊走，回憶二代母女懷舊之旅。

▲ 香港鐘樓

▲ 星光大道

　　星光大道：維多利亞港的海岸線很長，南北兩岸的景點多不勝數。我住的飯店在「星光大道」附近，我先到香港藝術館、太空館（門票 5 HKD）及文化中心、鐘樓參觀，再走至星光大道濱海走走。下午 3 時散步在星光大道，就看見一大堆粉絲排隊，是 MC 歌手演唱，晚上 8 時開始，歌迷人山人海，每個角落都滿滿人潮，我完全看不到歌手，但聽得到歌聲，看來很受年輕人喜愛！

　●**初次坐渡輪去澳門（Macau）**

　　享用香港九龍酒店豐盛早餐後，就坐地鐵到「上環站」，初次乘坐金光飛航渡輪（155.5HKD）去澳門，海關沒有檢查

行李，用台胞證刷自動通關機，到了澳門要檢查護照和台胞證，不需填入境單，也沒檢查行李，澳門各酒店有免費接駁車，由碼頭或機場接駁至賭場，服務真好！酒店區每間都是金碧輝煌，外觀建築設計，特殊又漂亮，記得 6 年前母女曾去賭場，試試手氣，女兒進賭場，竟被要求看護照，懷疑她未滿 21 歲，門口工作人員說 look young（看似年輕），我們只玩了俄羅斯輪盤和吃角子老虎，算給澳門拼經濟吧！

　　這次我獨遊澳門，僅參觀酒店，吃吃喝喝、購物而已，並沒有去賭場。

4. 澳門必走景點

　　大三巴牌坊：位於聖保祿山，於 1603 年建的聖保祿大教堂，經過 3 次大火，曾重建。1835 年那次大火燒到剩一面牆及 68 級台階，這是當時遠東最大石建教堂，現已成澳門地標地標及觀光景點。

　　議事亭前地：它是繁華區的廣場，人潮滿滿，只進入民政總署，16 世紀建造，有馬賽克瓷磚，

▲ 澳門大三巴牌坊

▲ 澳門民政總署

▲ 澳門賭場

是葡萄牙風格，讓我想起曾和女兒去過的葡萄牙，到處都是瓷磚建築。還有圖書館，陳列 19 世紀書籍，佈置得古色古香。

5. 港澳美食天堂

因飯店早餐很豐盛，飲茶點心很多，我一天只吃二餐，這次獨遊，我沒有再去飲茶，吃了台灣少見的燒鵝腿飯、螺絲粉、

曲奇餅、燉奶及澳門的豬扒包，魚蛋、楊枝甘露、絲襪奶茶及蛋塔等，港澳是美食天堂！

　　港澳自由行四天，時間很短，在香港移動方式就是坐地鐵和走路，是舊地重遊，有些景點沒有重複，最開心的是能參加維多利亞港郵輪校友晚宴，認識了新校友，和 40 年的老同學

▲ 港澳美食

和校友重逢，並和 Day Host Iris 文化交流，看來我還是比較喜歡和人接觸互動的旅行。獨遊港澳舊地，有二代母女，三人的共同回憶，二度空間的虛幻，這樣的旅行構想很奇妙！

6. 行旅情報

　　香港和澳門可用台胞證或辦理簽證入境，香港和澳門都可用港幣，少許地方可用人民幣。台胞證全名是台灣居民來往大陸通行證，通稱「台胞證」，是中國出入境管理局核發給台灣人，及出入境中國的通行證，有台胞證就可以不用出示護照且免簽入境中國。目前是向台灣的授權代辦旅行社申請。

　　自 2024/01/01 開始，民眾不再只能透過旅行社申請台胞證，也可以透過中國出入境管理局 APP 自行申辦，不過需要注意的是此方案只有經由金馬地區「小三通航線」至福建的旅客可以申請，且透過此方式申請的僅能使用期限 1 次。

- 交通路線：香港航空 + 金光飛航渡輪 + 台灣虎航：台灣桃園 →香港→渡輪→澳門→台灣桃園
- 簽證：港簽澳簽或台胞證，入境停留 30 天
- 時差：和台灣相同
- 匯率：港幣：新台幣 =1：4.2 * 依當時匯率換算 *
- 住宿：推薦香港九龍飯店作為住宿選擇
- 太平山纜車網址：thepeak.com.hk

第 5 篇

大愛無國界
──泰國美索難民營義診

大愛無國界——
泰國美索難民營義診

　　2023 年快要結束了，我感覺整年的旅程中好像缺了一塊拼圖。值此之際，台灣路竹會發出了緊急公告，因緬甸內戰加劇，許多難民逃到泰北，急需醫療幫助。我毅然報名參加了 12 月的義診行動。

　　台灣路竹醫療和平會（Taiwan Root Medical Peace Corps），簡稱台灣路竹會，成立於 1995 年 12 月，基於利他、共享、合作、承傳，始於牙醫師劉啟群先生發起的非宗教性、非營利性的非政府組織（NGO）；並以「把健康送上山」、「醫療無國界」為主旨，號召全

國各地有志服務於台灣偏遠部落,與國外開發中國家的醫界志工與一般義工,組成人道關懷、緊急救援的醫療服務團隊。

成立至今已28年,一年國內外義診18次,截至2023年12月為止,已進行419個梯次的義診,足跡遍布的國家共50國。

1. 入關清邁機場小插曲

2023年12月14日,台灣路竹會會長劉啟群率領29名成員前往泰國美索難民營進行義診,團隊包括醫生、牙醫師、藥師、護理師、醫檢師和義工。我們搭乘長榮航空直飛泰國清邁,經過4小時的飛行抵達。由於台灣與泰國無邦交,我們以個人觀光名義進入,但因為攜帶了12個大黑箱裝置的醫療器材,以及穿著制服,引起了海關的懷疑。經過張會長40分鐘的努力溝通後,海關終於放行了我們,並象徵性沒收了部分物品。從清邁機場坐巴士到美索,全程約8小時,旅途辛苦,我的腰椎舊疾因而出現不適現象,幸好貼布和止痛藥膏有所幫助,一晚休息後症狀有所緩解。

2. 義診點點滴滴

地點:Kwe ka Baung高中2天、泰國廟1天、Rose Field小學2天。

對象:Kwe ka Baung high school、love school、 New blood high school師生及附近難民,泰國廟和尚、收容的緬甸小和尚, Rose Field小學師生及附近難民。

義診分科：內科、外科、骨科、婦產科、小兒科、牙科、眼科及急診科等。

　　Kwe ka Baung 高中的環境十分惡劣，收容的學生都是來自緬甸的克倫族逃難者，學生人數約 300 人，其中約有 200 人住校，年齡介於 5 到 20 歲之間。許多學生的父母因未能逃離戰火或已離世，留下孩子們獨自面對艱難的處境。宿舍環境極差，空間狹小，學校僅有 2 台電腦供教學使用。

　　學校生活艱苦，學生們自己負責種菜、養魚、養雞鴨，並且仰賴善心人士或非營利基金會的捐贈物資、器材和食材。午餐時，他們經常只能吃到簡單的食物，例如炒茄子和白飯，或是鮪魚罐頭和白飯，情況令人感到心酸。

▲ 醫護人員與翻譯合照

　　其中有 100 名學生的父母一起逃難過來，他們有專車接送回家，但當地翻譯透露，這些家庭的父母大多在泰國當移工，從事農業勞動換取微薄的收入，再用來購買食物和生活用品，生活非常清苦。

　　愛緬基金會、培志教育基金會和中華世紀文教發展協會共同安排協助義診行程，負責翻譯的人員大多是當地學校的英文和電腦老師（同時也是難民），或是基金會派遣的人員。此外，台商和同住旅館的緬甸華僑也熱心協助。由於人手不足，領隊也充當了翻譯的角色。

　　許多患者說緬甸（Myanmar）、克倫（Kare）、拉祜（Lahu）或泰國（Thailand）語言，因此都需要靠翻譯。有些翻譯人員不懂中文，因此與醫護人員使用英文溝通。

▲ 團體刷牙衛教

　　在訪問期間，我們有機會參觀一家生產曲棍球用具的台商工廠，他們主要出口歐美地區。這次參觀讓我們大開眼界，可惜我們無法拍照，感謝他們慷慨地招待我們品嚐了傳統的泰國料理。

　　在為期 5 天的義診中，我們總共接待了約 1,400 位患者，主要就診科目是牙科和小兒科。許多孩子有嚴重的牙齒問題，包括需要補牙或拔牙，但由於資源有限，牙醫師先進行了集體衛生教育，並贈送牙刷和牙膏，教導孩子正確刷牙方法。

　　一位女患者右眼管阻塞及淚囊發炎，醫生做了沖洗淚管和通淚管，點藥治療。其他常見疾病包括感冒、流鼻涕和腸胃不適，甚至有小和尚也前來就診。另外，一些患者患有嚴重疾病，

如先天性心臟病，需要轉送至
醫院進一步治療。另一位 19
歲的孕婦來進行產前檢查，超
音波顯示正常。還有數位女孩
出現月經不規則的情況，檢查
無異常，可能是因為營養不良
所致。

▲ 小兒科 - 緬甸小和尚

　　治療方面，我們處理了一些小腿燙傷和腹股溝腫瘤等情
況，需要進行清洗傷口和給予治療。

　　最後階段是給藥，也是最忙碌的環節，我之前 2 次義診，
都曾擔任配藥和寫藥袋工作，這次藥局有翻譯員協助，分擔不
少壓力。

▲ 看診等待區

▲ 內科

▲ 骨科

▲ 婦科

▲ 眼科

　　總務長分配工作時，向大家說明我經常環遊世界，英文能力強，可當翻譯。我反映我不會泰語和緬甸語，但因護理師人手不足，希望我理解，這讓我深感溫暖。雖然我大部分時間都忙得不可開交，有時還要陪同病人去檢查室，但我盡力而為，就把吃苦當做吃補。

　　在義診結束的當晚，我發燒、頭痛和流鼻涕，幸好義診團隊有醫師和藥師，及時給予了藥物治療，還有室友陳琴的照顧，症狀稍微緩解。泰國的天氣很炎熱，回台灣又突遇寒冷天氣，

我急性鼻炎發作鼻涕不停，因過度勞累免疫力下降，轉為慢性鼻炎，持續了一個月。

有朋友問我：「這麼辛苦，以後還會參加義診嗎？」我秒回：「當然！每次義診都是獨特的體驗，對我意義非凡，我堅信做公益是我持續的信念。」三次義診，每次感受都不同，深深體會有餘力應該多幫助別人。

粉絲在 Facebook 看到我參加義診，很想參與，礙於沒有醫護背景而卻步。我告知義診團隊也需要一般的義工，例如量血壓、體溫和體重，帶病人去診間、拍照和安排就診秩序等。如果在國內，還需要廚房助手和司機。我建議他們加入台灣路竹會會員，並鼓勵他們先在國內的義診團隊中學習。歡迎有體力、愛心、願意吃苦、能耐熱耐寒，並願意自付團費、出錢出力和花時間的熱心人士踴躍報名參加國外的義診團。

▲ 團員共餐

3. 公益行程中的花絮

美索（Mae Sot）傳統市場：美索 The Teak hotel 旅館附近有個傳統市場，和室友陳琴去逛逛，有賣衣服、蔬果、雜糧和小吃，比較特別的是看到有賣炸物如炸蚱蜢、炸蟋蟀以及蟲蛹、蜘蛛以及蠍子等，幾位泰國年輕人圍著攤店，高興得買來當零食吃，我們看了好恐怖，實在無法下手買來吃！

緬泰邊境海關：美索是屬於泰國達府的一個縣，位於泰緬邊境隔著莫艾河（Moei River）與緬甸相望，對岸是緬甸的苗瓦迪鎮（Myawaddy）。走到緬泰邊境的海關，看到泰緬友誼大橋（Thai-Myanmar Friendship Bridge），建立於 1997 年，橋頭入口處有移民官署的辦公室，看到有人從泰國邊境走路約 15 分鐘到達緬甸，一橋之隔，天壤之別，緬甸內戰不斷，還有 KK 園區詐騙集團等近百個，苦了老百姓！

▲ 守衛泰緬邊境之泰國軍人

我們沿著橋底走，繞半圈到二國邊境圍牆，以莫艾河相隔，牆上寫著 The Moei River The Waternmost Point，附近有軍人駐守著。奇怪的是

▲ 莫埃河河邊圍牆

這牆邊有鐵絲網圍著，居然有人在做生意，從緬甸對岸用木桿和籃子運送菸酒食物過泰國，這邊付錢拿物品，一牆之隔，真是處處有商機。

南邦鑾寺（Wat Phra That Lampang Luang）：這次義診5天，來回車程2天，沒有時間旅行，只能由美索順路經過南邦鑾寺，再到達清邁。

南邦是泰國北部第三大城市，是交通及貿易中心，位於曼谷以北601公里與清邁東南101公里處。南邦鑾寺（Wat Phra That Lampang Luang）位於南邦府閣卡縣，約離南邦市

▲ 南邦鑾寺

區 20 公里遠的小山丘上。佛寺本身呈現了泰北傳統的「蘭納宗教建築」和「裝飾技藝」的壯觀風格,建於蘭納的「哈里奔猜王國 Haripunchai」時代,內有一座 57.4 公尺的佛塔,據說現在還存在有佛祖的舍利。在進入佛寺之前,第一眼所看到的是二道長長的,在陽光下閃耀著白金色光芒的娜迦(蛇神)神像的長型台階。踏入寺內後即可看見主殿,主殿為開放式建築,殿頂呈傳統的蘭納建築風格,整個大殿為四方形,全部由柚木建造。

　　清邁(Chiang Mai)水果街(Muang Mai Market):我們只逛逛水果街,各式各樣的水果,還有當地椰子、芒果、山竹都很香甜,很便宜,我買了山竹、芒果,團員們互相分享,榴

▲ 清邁水果街

椹我仍卻步，如外國人不敢吃臭豆腐般，這點我還沒消除障礙。榴槤很委屈，禁止帶進旅館飯店，山竹可帶入旅館，若床單被不小心染上紅色汁液，則要賠償床單費用！

4. 特殊的泰緬文化

黃香楝粉： 義診時，有看到很多婦女和小孩，臉上畫著奇特的條紋，原來是黃香楝粉。它由黃香楝（或稱特納卡 Thanaka）的樹枝研磨而成，緬甸人將其稱為「特納卡」，將這種粉末塗在身上，不僅幽香沁人，而且有防止蚊蟲叮咬、消毒袪病及防曬之功效。特納卡製作簡便，價錢又便宜，因而深受緬甸人歡迎。該樹在緬甸（Myamar）中北部大量種植。

▶ 黃香楝粉及樹幹

泰國大麻：泰國在 2022 年 6 月大麻（Marijuana）合法化，成為亞洲第一個大麻合法的國家，20 歲以上的成年人在泰國可以持有、吸食大麻，吸引不少觀光客到泰國體驗大麻。泰國民眾可在家無限量種植大麻，不過必須向食品藥物管理（FDA）登記，另外種植大麻僅能作為醫療使用，不得用於私人娛樂。

　　我在美索飯店附近也有看到大麻販售店，有機會進門參觀，但不購買不吸食。似乎處處林立合法大麻販售店，據我觀察民眾和觀光客很容易採購吸食，泰國將來可能有新的管理措施。

▲ 大麻

泰式按摩：結束義診前往清邁前，我去體驗「泰式按摩」，1 小時約台幣 350 元，超便宜，我穿著按摩店的寬鬆衣服，我被按摩捶打及折疊來折疊去，店員按摩手法很重，但很到位，讓疲憊的身心暫得到舒緩。

▲ 泰式按摩

泰式按摩是泰國一種結合了穴位按摩、印度阿育吠陀原則和輔助瑜伽姿勢的按摩，據說歷史長達上千年。阿育吠陀是印度老祖宗的智慧，是標榜不用吃藥的自然療法，而五根手指頭代表五種元素，大拇指是火元素、食指代表風元素、中指是空元素、無名指則是地元素、而最後一隻小拇指則是水元素，用的是穴位療法原理。

泰國傳統美食糯米飯：義診午飯有時很簡單，有一天是糯米飯，很像台灣粽子或荷葉飯，只有豬肉及肉鬆配料，直接放置在糯米上面，包上葉子，它的糯米很黏 Q。

泰國辣美食：在美索某餐廳的菜餚如炒魚、涼拌菜、排骨湯全是辣的，我是能吃小辣，一頓飯菜下來，我連喝 6 杯冰水，外加 1 碗白飯，和 1 碗糯米飯，辣讓人胃口大開，若不吃白飯，

▲▶ 荷葉糯米飯

▲ 泰北辣美食　　　　　　　▼ 美索市場奇怪零食

▲ 米其林美食

辣到流眼淚！老闆說這是泰北傳統美食，和我在台灣吃的泰式酸甜料理大不同！

　　泰國清邁米其林餐廳：只有酸甜辣湯是辣的，其他菜如鳳梨飯、炸魚、炒透抽、雞肉等都不辣，算是很合我的味口，是連續 4 年獲得米其林殊榮，森林餐廳布置的美倫美奐！

5. 行旅情報

　　話說緬甸內戰，難民潮歷史如下：

　　緬甸是個民族眾多的國家，獲得緬甸政府承認的民族有 135 個。

　　1948 年獨立，境內少數民族與政府軍隊持續爭戰，1962 年軍政府上台後，更是對少數民族展開無情血洗。許多「克倫族」百姓為躲避戰火，穿越邊境來到泰國，成為「難民」。

　　2021 年 2 月 1 日發生軍事政變，民選領袖翁山蘇姬等人入獄。多個少數民族組成的反抗組織發動攻擊和軍政府對抗，

緬甸約三分之二的地區陷入衝突，約 260 萬人流離失所。

2023 年 10 月 27 日，以緬甸民族民主同盟軍為首的三兄弟聯盟宣布開展對緬甸多地的軍政府武裝部隊發動攻擊。三兄弟聯盟表示 1027 行動旨在維護和保衛領土免受緬甸當局軍事入侵，消除壓迫性軍事獨裁，並打擊邊境的電信詐騙。隨著戰事的擴大，內戰戰事持續不斷至今。

緬甸數十年軍事統治及族群衝突，造成 10 萬餘難民避居泰國境內的難民營，更有超過百萬的緬甸人民被迫成為移工，缺乏合法身分而成為非法移民，更有許多兒童成為無國籍者。移工社區在環境及經費匱乏下，由國際非營利組織基金會等協助，建立 10 幾個學校，教導下一代學習知識及技能。

- 航班路線：長榮航空：台灣桃園→泰國清邁→台灣桃園
- 簽證：免簽證（2023 年 11 月 10 日 -2024 年 5 月 10 日），現在繼續免簽證，但請旅客隨時注意變動。入境停留 30 天
- 時差：泰國比台灣慢 1 小時 (-1)
- 匯率：泰幣：新台幣 =0.95：1* 依當時匯率換算 *
- 住宿：推薦美索 The Teak Hotel、清邁 Khumphucom Hotel 作為住宿選擇
- 台灣路竹會網址：taiwanroot.org

第 6 篇

精采第三人生

精采第三人生

一、見識戰地與無價的收穫

1. 增加環球之旅目標數

　　退休後壯遊累計是 54 國，經 4 年後，疫情前 2020 年為 68 國，疫後旅行 10 國，扣除曾拜訪的 5 國（南韓、美國、奧地利、中國、泰國），2023 年累積為 73 國，包括歐洲 3 國（斯洛維尼亞、克羅埃西亞及波士尼亞）、中東 2 國（以色列、約旦），朝向環遊世界目標 100 國前進中。

2. 初次巧遇戰爭，冷靜面對，平安回台

　　2023 年 10 月 5 日帶著愉快心情，規劃圓夢 2017 年未完成的前緣，來到以色列耶路撒冷，第 2 天剛去了舊城區小旅行後，不預期隔天（10 月 7 日）凌晨，發生加薩以火箭彈攻擊以色列，引爆以巴戰爭，如今已半年多，回顧當時害怕了 3 天，只能冷靜處理機票取消之事，仍然多次遭到取消行程及停飛，

當時交通中斷，造成原先約好的住宿家庭，不能前往，只好臨時連絡另外的家庭，及訂青年旅館，心情焦慮不安，最後尋求外館外交人員協助，終於由陸路經以約邊關來到約旦首都安曼，進而安全回到台灣。

正處危機重重之時，我在安全範圍內，不忘盡力實踐旅行計畫及完成文化交流的目的，在此提醒讀者，旅行還是要性命安全第一，才能長長久久。

3. 樂做戰地正確新聞提供者

接受 4 次 TVBS News 新聞採訪以巴戰爭現況，分別 2 次在耶路撒冷、1 次在台拉維夫近郊蕭哈姆（Shoham），最後 1 次在約旦安曼機場，提供 3 位記者 4 次採訪的照片和影片，並說明當地即時戰況及得到的協助，有種彷彿自己的角色是電視台臨時新聞特派員。

戰爭爆發時，其實新聞資訊很混亂，世界各國電視報導難免偏頗或誤解，造成民眾恐慌，剛好我在以色列及約旦，得以提供正確訊息給電視新聞台，記者能即時報導，觀眾也能接受正確的新聞，我也樂做義工。

4. 擔任國際醫療志工，發揮大愛精神

2019 年以自己護理專業背景，加入台灣路竹會醫療和平會，擔任國際醫療志工，曾前往邦交國帛琉，及 2020 年農曆春節初四遠赴非洲非邦交國索馬利蘭義診，幫助缺乏醫療資源

的偏鄉民眾，以人道救援為終身志業。我只是小小螺絲釘，有更多的人一起努力，做國民外交，後來也因醫療團援助索馬利蘭，而台灣與該國互設代表處，互派代表發展長期經貿文化醫療教育合作關係，值得慶幸政府突破外交困境，撼動非洲一角。

2023 年在以巴戰事中，感謝幫助自己的人，領悟到當我有能力幫助人，就該幫助人，所以我在小愛的家庭責任已完成，更於歲末前往泰國美索難民營義診，發揮大愛精神，以後我將持續做公益擔任國際志工。

二、完成非營利組織 FFI 及 Servas 的文化交流

我加入 Servas Taiwan 10 年了，初次運用是 2016 年壯遊 18 國時，當時體驗 11 國 11 家住宿家庭（Host），3 國 3 位白天導覽（Day Host），而後出國陸續拜訪。

疫後旅行有夏威夷 1 家、維也納 1 家、以色列 3 家，共 5 家住宿家庭，及約旦 1 家、香港 1 家，共 2 位 Day Host 熱情接待，有他們的協助，我很放心旅行，巧遇以巴戰事也能安心生活，彷彿回到自己家的感覺，雖在異國，也有家人支持。

▲ SERVAS TAIWAN 活動

同時體會到各國習俗不同及各家庭習慣也不同，入住家庭，要以同理心相處，多理解和入境隨俗。

2023 年 3 月在 FFIHC 施麗如理事引薦下，加入新竹國際友誼團，除參加新竹 FFIHC 活動外，世界大會在克羅埃西亞舉行，我們夫婦參加了 9 月的會前旅行，暢遊東南歐 3 國，並與各國會員大使進行互動交流。

繼而 11 月，在新竹國際友誼團（FFIHC）會長陳萬方和主辦人吳怡佳策劃 Discover Taiwan 一系列活動：從新竹到高雄的 12 天旅行及入住新竹家庭文化交流的行程。我們夫婦陪伴大使們觀賞明華園孫翠鳳演出並參觀了新竹北埔逛老街、慈天宮、金廣福、姜阿新洋樓及鄉公所擂茶，讓外國朋友認識客家文化並實地體驗。苗栗搭乘三義舊山線鐵道自行車，沿途經過勝興車站、隧道、魚藤坪鐵橋，遠眺龍騰斷橋、接著參觀苑裡華陶窯及吃自助餐割稻仔飯，最後到大湖巧克力雲莊喝下午

▲ FFIHC 活動

茶，外賓夜宿於此優美山莊，3 天的陪伴及學習之旅，在此畫下溫馨的句點！

　　沒有繼續陪同外國會員至台中、嘉義、高雄及彰化，相信大使們後續豐富行程，更能深入認識台灣的文化。

　　在此也希望拋磚引玉，生在台灣富足安穩的世代，我們有能力將多餘的富足美好分享出去，參加 Servas 和 FFI 非營利組織，不僅以最經濟的方式踏遍世界各地，讓我將生命價值發揮至淋漓盡致。

三、開創世界需要我的人生意義

從剛退休時的惶恐，覺得國家不需要我、社會不需要我、家庭不需要我，直到經過壯遊後找到興趣，找到第三人生目標—出書及演講分享旅行經驗。

疫情期間成立「夢想行動派社團」及「夢想行動派網路商店／工作坊」，帶領社員國內小旅行，行銷書籍及旅行相關物品，推廣環遊世界的勇氣和行動力。

3年來忙著寫FB、寫作、演講分享、媒體採訪、每日煮飯菜、回龍潭烹煮孝親餐及陪伴爸爸、辦理社團活動、參加新組織及學習了插畫、導覽、網路行銷等新事務，出國旅行做國民外交及做醫療志工等等。語芳都在做快樂幸福的事，雖很忙碌，但不是瞎忙，開創了世界需要我的精采樂活人生。

1. 演講分享

因壯遊而找到寫作興趣，出版熟女壯遊二本書籍及父親傳記，全省走透透，辦理新書發表會，並受邀機關團體演講及讀書會分享約60場，遍及基隆、台北、新北市、桃園、新竹、

台中、嘉義、台南、高雄及花蓮，並遠赴上海及湖南耒陽，獲得廣大的迴響。

受邀演講於中研院、竹科陽明光學公司、台中青薪公司、基隆樂齡中心、記憶資產樂活公司、康健大人社團、台北市藝文推廣處、淡江大學保險系 EMBA、美和科技大學、台中軍醫

院、桃園軍醫院、台灣體育運動教育大學、台北市護士護理師公會、中央軍事院校校友總會、耕莘長青學院、老人社會大學、北投紳士協會、大安黎安里社區發展協會、龍潭扶輪社、新竹百合扶輪社、台北福氣扶輪社、龍潭及中央大學讀書會、台北市信義、大安、中正、內湖、文山、新北市新莊社區大學、嘉義女中校友會等，感謝讓我有機會分享我的旅行及人生經驗。

2. 媒體採訪及上節目

　　幸運的接受報章雜誌、電視廣播及電子媒體等採訪報導及上談話性節目。

　　報章雜誌：《聯合報》、《商業週刊》、《安可人生雙月刊》、《康健雜誌》，《網氏／罔氏女性電子報》。

　　電視：小燕有約、李四端大雲時堂、邱沁宜單身行不行，鄭弘儀新聞挖挖挖、TVBS News 新聞台。

　　廣播：郭念洛教育電台「銀髮新視界」、廖偉凡佳音「哈

囉，謝謝你」、夏韻芬中廣流行網「理財生活通」、Chester 台中全國「聽廣播遊世界」、李偉文寰宇「人與土地」、輔大之聲「路由心聲」。

Podcast：阮建安 104 高年級不打烊、何方幸福電台「幸福有方」直播及 Podcast。

網路新媒體：遠見、天下文化 50+、康健大人社團 / 大人的百杯咖啡、台中新一代媒體、風傳媒世界走走、威京總部集團沈春池文教基金會 / 遷台歷史記憶庫。

每次採訪都有不同探討主題，但以環遊世界、人生經歷及熟女壯遊和傳記書籍為主軸。

3. 寫作、出書、投稿、受邀寫稿

2017 年第一本《熟女壯遊—勇闖世界 18 國》出版後，獲得廣大讀者回響。隔年 2018 年展開家族記憶之旅，出版父親傳記《民之所欲，善留人間～湖南耒陽 胡善民 90 回顧》，是做女兒的我，敬獻給老人家的 90

大壽賀禮，雖是家族故事，但有感於父親豁然大度的人格特質、長壽秘訣及常保幸福感的小撇步，相信值得分享給有緣人。2020年續出版《熟女壯遊2》，再闖18國，開創樂活的第三人生。

若有合適題材就投稿或受邀寫稿，分別在網氏／罔氏女性電子報、聯合報、自由時報、人間福報、明道文藝、榮光雙月刊、國防醫學院源遠季刊及嘉義女中校友會電子報、康健大人社團等登載及宣傳。

2024年出版《熟女壯遊3》，也孕育了近2年，感謝鼓勵及幫助我的親友粉絲們，語芳在寫作上，永不放棄，將持續進行。

4. 初體驗廣告明星滋味

初次接廣告是桂格完膳營養素，透過我提供照片及媒體收集我的相關資料，寫成為一篇網路文章廣告，在聯合新聞元氣網刊載。

另有機會接了安怡高鈣低脂奶粉網路廣告，由奇禾互動行銷公司規劃，現場有企劃、梳妝、服裝、攝影、燈光、導演及助理等一行10人服務，我彷彿巨星般。廣告拍攝那天，正下著雨，只好安排在信義區某有遮棚的天橋拍攝，我不斷重覆拉著行李箱，來回走來走去，至少有30次，有時要等待路人經過，要補妝，要擺出不同面向及手腳移動的姿勢，拍攝上百張照片。含事前梳妝打扮準備，耗時約6小時，沒有坐著休息的時間，體驗拍攝廣告過程，真辛苦，廣告明星真不好當，「環球一姐」就這樣誕生了，真是難得的經驗。

5. 樂做公益

國家社會政策，我無法主導改變，能改變的部分，只有自己先改變，不再要求孩子的工作、婚姻及生兒育女方向，讓他們自己作主。小我的任務已完成，多幫助弱勢，朝大我方向努力。

做善事是沿襲父親胡善民的大愛胸襟，我先後擔任台北市立美術館、中研院生態志工及任林教育基金會志工，當沒有空閒時間之時，小額捐款也不落人後。

陸續參加台灣路竹會醫療團至帛琉、非洲索馬利蘭及泰國美索難民營義診，雖很辛苦，我發揮了阿甘精神，將來還會持續參加做公益。

6. 疫情期間，快樂學習，創造人生新天地

2020 年至 2022 年，因疫情影響，不開放出國，我的環球目標沒有進展，生活及分享也有所限制，宅在家時間多，有時是線上學習或演講，精進廚藝、運動及寫作，2020 年專心寫作，12 月出版《熟女壯遊 2》，忙完後，不知疫情何時終止，看不到盡頭，只能走一步算一步地規劃國內生活。

四、近年身體力行的感動

疫情下揮灑人生舞台，不侷限於生活斗室，走出退休後的孤單，拚著活到老學到老的精神，這幾年的對生命的探索如下：

▼ 宜蘭小旅行

▲ 在宜蘭慶祝母親節
➤ 苗栗小旅行

1. 2021 年

●成立夢想行動派私密社團

　　對旅行、烹飪、孝親及閱讀有興趣的書友，可申請加入，經填個人資料及線上審查（必要時，我會私訊再了解）加入，沒有收取社團費用，僅需購書閱讀及回應，目前 56 位社員，雖不能出國旅行，我已辦理台北、新北市、宜蘭、苗栗、台中及嘉義等共 8 場小旅行，將來會辦理國外探險小團旅行。

●成立夢想行動派 YouTube 頻台

　　親自拍攝有關國內外旅行、烹飪、夢想行動派社團活動及

學習成果並剪輯及 PO 上影片，共 41 部，在 YouTube 播放。

●Long Stay 台東

　　2 個月學習之旅，學習烹煮原住民餐、製作裝置藝術，及台東導覽等，遊遍台東海線、縱谷及南迴景點，吃遍在地美食，

▲ 花蓮分享會　▶ 台東導覽班
▼ 屏東王船祭

遠至屏東小旅行，參觀 3 年 1 次的屏東王船祭，還在花蓮及高雄辦理「熟女壯遊 2」新書分享會。

2. 2022 年

● 考上國外的英語領隊和國內的華語導遊

考上國外的英語領隊並接受訓練結業，取得英語及華語領隊證照，並至南韓實習領隊工作。因大陸客來台觀光政策不明，考上國內華語導遊尚未受訓。

● Long Stay 台中

3 個月學習之旅，學習生涯規劃、勞工權益、活動企劃、Podcast、網路廣告行銷、Photoshop、直播、架設線上商店 / 工作坊等。

● 設立網路「夢想行動派商店 / 工作坊」

對不諳電腦資訊操作的我來說，能設立自己的網站，是不可能的任務，一步一腳印的學習過程是艱辛的，但成果是甜美

◀ 在台中學習網路行銷

的。歡迎朋友們來逛逛「夢想行動派商店 / 工作坊」（http：//
travel-dream.co），有壯遊書、部落格文章及優質又優惠的旅
行商品和行程。

● 樂遊台中及周邊城市

　　利用僑大週末或假日遊遍台中周邊景點：動漫彩繪巷、審
計辦公室、美術館碑林、柳川水岸、文化中心、東海教堂及大
坑步道等，並吃遍美食。不忘參與彰化王功漁火節、在清境農
場渡中秋、高雄寶來洗溫泉、東勢農場採柿樂、遊高雄甲仙芋
頭的故鄉、台南玉井芒果的故鄉、南投暨南大學八萬公里健行、
遊彰化田尾花樹等。

◀ 台中小旅行

3. 2023 年

● 學習 Q 版插畫

　　5 歲的孫子開始學認字，閱讀兒童繪本的注音符號，讓我
萌生新書可加入插畫的構想，能讓版面更活潑。再者，胡老爹

的「傳記」是張瓊齡總編輯請業餘的繪者畫幾張插畫加入書中，傳記看起來就生動些。想想我也許可以出版環遊世界的兒童繪本，找了幾位美術老師及美工科的學生，皆因時間配合不上及版稅不高而未果。先生及女兒得知，提醒我：「怎不自己畫？自己的夢想要自己實踐。」。我閱讀了多本兒童繪本，大部分都是圖文同一人，我自己也許可以嘗試。先在吳興國小樂齡班學習並進而在救國團找到了郭明政老師，幸運地遇到良師，正努力學習 Q 版插畫中！

　　疫情 3 年時間，不能出國，我並沒有懷憂喪志，反而經沉澱思考後，學習更多新事物，第三人生一定要活到老，學到老，進而創造人生新天地，活出不同樣態的自己！

後記—
心繫以巴戰事，友情無國界

　　回台後，陸續聽到新聞報導以巴戰爭慘事，以色列炮火猛烈回擊加薩走廊，無辜的老百姓死傷慘重，企圖把北加薩占為己有，巴勒斯坦人無處可躲，埃及及約旦也拒收難民，種種行徑引起世界各國穆斯林集會示威，附近阿拉伯國家也嚴厲譴責，若以色列不退兵，將共同抵禦以色列，而以國也強烈聲明一定要消滅哈瑪斯政權，全面性戰爭觸發，有幾次釋放人質和休戰協議，但我還是真心祈禱儘快停戰。

　　我關心在旅行中相遇的以色列、約旦及香港等朋友安危，再聯絡他們，了解到他們的心聲，大家都對爆發戰事覺得很悲傷。

　　以色列 A：作為「無國界人類」的志願者，我每週一開車送一名巴勒斯坦兒童及其母親從檢查站（以色列和西岸邊界）前往醫院，或從醫院返回檢查站。這些孩子每週需要化療或透析，我很樂意幫助他們。繼恐怖組織哈馬斯 10 月 7 日的所作所為之後，我們不會停止攻擊，除非哈馬斯被摧毀。他們利用平民作為人體盾牌。例如，他

們躲在醫院下面的隧道裡。以色列大約 20 年前（2005 年 9 月）離開加薩地帶，我們無意征服它。我們只想平靜地生活。

以色列 B：我們必須繼續攻擊加薩，他們綁架了婦女和兒童。這是一場戰爭，哈馬斯發動了戰爭，對無辜平民造成了可怕的事情。

以色列 C：耶路撒冷的生活仍在繼續，但人們感到焦慮和壓抑，這些天「耶路撒冷」沒有警報。我們一直擔心 240 名人質，他們的狀況以及他們是否會活著回來？我先生與許多巴勒斯坦人一起工作。當我工作時，我也與巴勒斯坦人一起工作並照顧巴勒斯坦人。對以色列來說，這是一個極為困難和悲傷的時刻。我們希望無辜人質獲釋。

以色列 D：來自香港旅者，釋放人質和阻止地下恐怖份子是基督徒的想法。

以色列 E：來自香港的學生，必須戰鬥，剷除哈馬斯，因為它是邪惡的，否則巴勒斯坦人將無法控制正常的生活。

以色列 F：我是台灣人，先生是以色列人，是該國長官的保鑣，加薩火箭不斷射過來，我們要躲警報，孩子只能

停課在家，我帶孩子避難回台二週，我關心先生安危，對戰爭也很無奈，現在我又回以色列了，有零星警報，生活尚正常。

約旦 G：幾年前，我有接待幾位以色列旅者，保持一段時間聯絡，後來就失去聯繫，所有的戰爭都是反人類罪。

約旦 H：我是巴基斯坦人，以色列及美國旅客都很好，是高官管理者不該攻擊加薩醫院及無辜百姓，我們要集合遊行抗議。

香港 I：應該停止戰爭，以巴二邊我都不支持。

美國 J：我沒有以色列和巴勒斯坦的朋友，但我關心所有的人，我對戰況很悲傷痛苦。

美國 K：我在美國的猶太朋友，他們在以色列有朋友，撤離了加薩，但他們知道有幾個家庭被綁架，我的朋友每年都會與猶太／巴勒斯坦團體一起騎自行車，並結交了朋友。最近這樣的團體還有很多，一百多人聚集在一起唱歌抗議。仇恨猶太人的是恐怖組織哈馬斯。很遺憾我們必須這樣戰鬥！就連教宗也說戰爭已經「過時」了，只要談判並追求雙贏，我們這裡有來自貧窮國家的人們，

他們在國內為控制權而戰，所以人們逃離這些地區尋求和平。每個人都想和自己的朋友、家人過著平靜的生活，這就是聯合國成立的原因。

澳洲 L：我們都有以色列及巴勒斯坦的朋友，有些是學生，有些是我服務大學的同事，我們僱用了來自世界各地的人，中國、俄羅斯、烏克蘭及中東等。當人類互相分類、分裂、妖魔化和屠殺時，這是可怕和悲傷的，我們什麼時候才能真正的學習到？

　　以上的朋友們各有各地地立場，無法評價他們是「對或錯」，語芳的立場和一般老百姓一樣都希望不要戰爭，只要和平，期望在上位的管理者如總統、總理、國王及部長，多為蒼生百姓著想，不要執著一定要拚的你死我活，看看誰是最後贏家，就如烏俄戰爭已二年多，只有民眾受害、妻離子散，難道要等到國破家亡？台灣和中國大陸局勢，應為以巴和烏俄戰爭為借鏡。

　　在疫後，語芳完成環遊 10 國壯遊後，在親朋好友及粉絲們的鼓勵下，覺得應立即書寫第一手紀錄，分享有緣人，以此為參考和借鑑。就開始著手書寫，每每回憶以巴戰火的點點滴滴，總是無法入眠，並在身體飽受腰椎及鼻炎舊疾復發，身心煎熬情況下，順利書寫完成出版「熟女壯遊 3」。

　　這段時間見證自己無論疫情多嚴峻、疫後壯遊遭遇烽火戰事和身體疾病纏身，只要努力積極生活，生命總是會帶給你驚

喜，也證明人生無限可能，靠你自己創造，鼓勵大家活出自己精彩豐富的人生。

最後，感謝親朋好友及校友、夢想行動派社員及粉絲們的支持，還有出版社團隊的合作，和推薦本書的節目主持人、作家、會長、媒體總監、記者，本書才能順利於溫馨浪漫五月出版。這不僅是慶祝自己的母親節的禮物，也是為懷念在天上的媽媽而寫作，並祝福天下的母親及情人，勇氣加倍，出發壯遊不嫌晚，勇敢的走出傳統的框架，重新認識自己，和未知的自己相遇。

★旅遊行程地圖★
東南歐、中歐

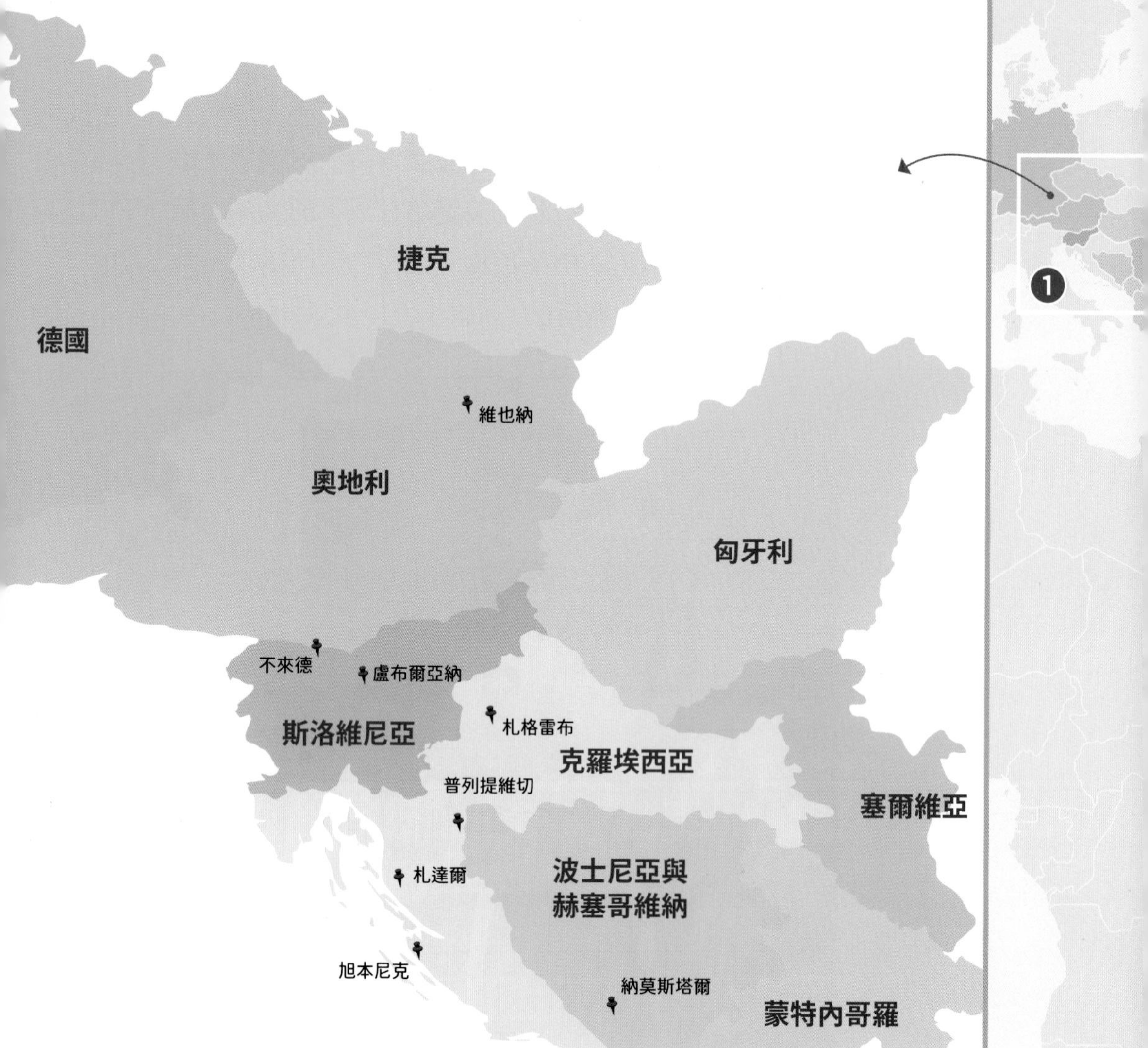
捷克
德國
維也納
奧地利
匈牙利
不來德
盧布爾亞納
札格雷布
斯洛維尼亞
克羅埃西亞
普列提維切
塞爾維亞
札達爾
波士尼亞與
赫塞哥維納
旭本尼克
納莫斯塔爾
蒙特內哥羅
杜布羅夫尼克
❶

★旅遊行程地圖★
中東

敘利亞

台拉維夫　　約旦河西岸
蕭哈姆

耶路撒冷

安曼

加薩走廊

死海

以色列

約旦

埃及

佩特拉

★ 旅遊行程地圖 ★
亞洲

南韓

江原道
首爾
京畿道

❸

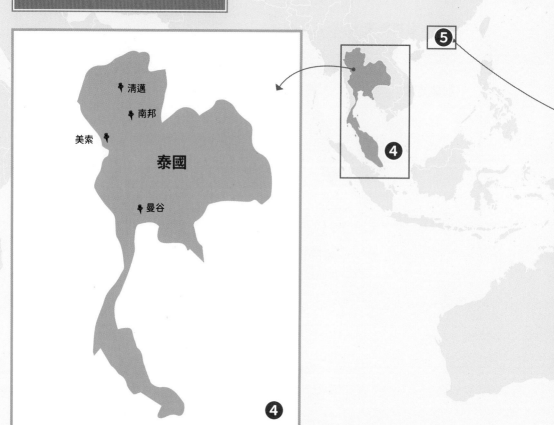

泰國

清邁
南邦
美索
曼谷

❹

❺

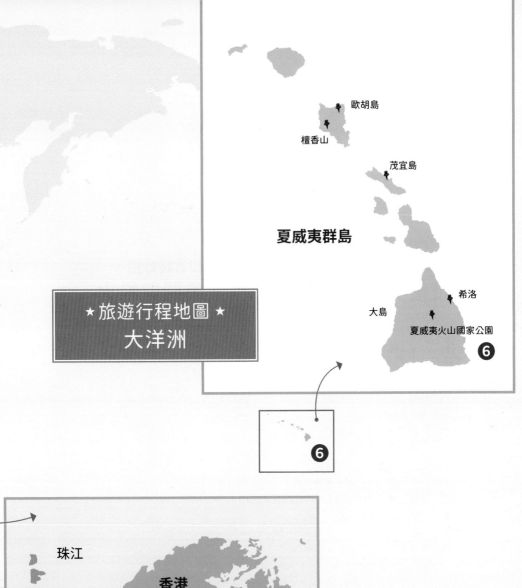

★旅遊行程地圖★
大洋洲

歐胡島
檀香山
茂宜島
夏威夷群島
希洛
大島
夏威夷火山國家公園
❻

❻

珠江
香港
澳門
九龍
維多利亞港
香港島
❺

國家圖書館出版品預行編目資料

熟女壯遊 . 3：加入國際組織文化交流和省錢妙招：疫後
勇闖世界 58 天，探索美麗與烽火 / 胡語芳著 . -- 初版 . --
臺北市：博客思出版事業網 , 2024.05
面；　公分 . -- (生活旅遊；32)

ISBN 978-986-0762-87-7(平裝)

1.CST: 遊記 2.CST: 世界地理

719　　　　　　　　　　　　　　113005714

生活旅遊 32

熟女壯遊 3：加入國際組織文化交流和省錢妙招——
疫後勇闖世界58天，探索美麗與烽火

作　　者：胡語芳
總　　編：張家君
主　　編：楊容容
美　　編：涵設
封面設計：涵設
地圖設計：陳勁宏
校　　對：徐永連、沈彥伶、古佳雯
出　　版：博客思出版事業網
發　　行：博客思出版事業網
地　　址：臺北市中正區重慶南路 1 段 121 號 8 樓 14
電　　話：(02)2331-1675 或 (02)2331-1691
傳　　真：(02)2382-6225
E-MAIL：books5w@gmail.com、books5w@yahoo.com.tw
網路書店：http://bookstv.com.tw/
　　　　　http://store.pchome.com.tw/yesbooks/
　　　　　https://shopee.tw/books5w
　　　　　博客來網路書店、博客思網路書店
　　　　　三民書局、金石堂書店
經　　銷：聯合發行股份有限公司
電　　話：(02)2917-8022　　傳　　真：(02)2915-7212
劃撥戶名：蘭臺出版社　　　　帳　　號：18995335
香港代理：香港聯合零售有限公司
電　　話：(852)2150-2100　　傳　　真：(852)2356-0735
出版日期：2024 年 5 月 初版
定　　價：新臺幣 380 元整
ISBN：978-986-0762-87-7(平裝)

版權所有 · 翻版必究